法学教育とともに

法学教育とともに

——大学紛争から法曹養成まで

下森　定著

信山社

はしがき

私は、西周、森鷗外生誕の地として知られる島根県鹿足郡津和野町の隣村、日原村で生を受けた。日原は町村合併により現在は津和野町日原となっている。一九六〇年四月二七日生れなので本年八〇歳、傘寿の年を迎えた。

私の傘寿を祝って、法政大学の元同僚や門下生、ドイツ民法研究会その他の皆さんが傘寿記念論文集の出版を企画して下さった。今年はこのほかに二つの慶事が重なった。四月に瑞宝中綬章を受章し、一〇月三一日には結婚五〇年（金婚式）を迎える。これらの祝いを兼ねて、この一二月に、傘寿記念論文集の刊行および傘寿祝賀会と例年一二月第一土曜日に行うゼミOB同窓会「草木の会」を拡大しての傘寿・叙勲・金婚祝賀会の二つのパーティーが企画された。そのお礼に私からの心ばかりのしるしとして、かねて企画していたエッセー集を出版し贈呈することとした。そもそもこの企画は、一〇年前、七〇歳で法政大学を定年退職した際に開かれた古稀祝賀・退職記念パーティーのお返しにと立案していたもので、会の当日、エッセー集の目次を作成・印刷して配布し、刊行を予告したにも拘らず、多忙のため今日まで果たせずにいたものである。私にとって本書の刊行は、一〇年来の約束を果たすという意義をもつものでもある。

さて、これまでに書き溜め整理していたものと、この一〇年間に書いたものを集めてみたところ、かなり大部の文書となった。そこで今回は、とりあえず大学行政、民法学、法学教育および法曹育成教育関係のものに絞ることとした。一〇年前に予告していた、これ以外のテーマのエッセー、「学生諸君へのメッセージ」、「忘れえぬ人々」「ドイツ留学体験記」「折々の記」「身辺雑記」については、後日、新たに「我が家の歴史」「幼年時代の追憶」の他、「八〇歳後の日々」を書き加えて、エッセー集第二部として刊行したいと計画している。

本書の編集にあたり、年代を追って過去のエッセーその他の資料を改めて読み返すうち、八〇年のわが生涯の軌跡が走馬灯のごとく浮かび上がり、感無量であった。父母の愛には恵まれなかったが、田舎の小地主でそれなりの裕福な家庭に生まれ、県会議員や婦人会会長を務めた祖父母、育ての母（伯母）の愛に包まれた幸せな幼少年時代、戦中戦後の混乱期、農地改革・財産税によるわが家の没落と母子家庭の苦難、良き師良き友に恵まれ順調に展開した旧制高校・大学・大学院時代、騒然とした六〇年安保の年に法政大学教員生活を開始、大学の大衆化・マスプロ教育・低賃金に苦しみつつも大学改革を目指して仲間と展開した研究教育体制懇話会活動、学生厚生補導委員・法律学科主任・学生部長として激務についた七〇年代の激動の大学紛争時代、三回にわたるドイツ留学とアレンス、シュレヒトリーム教授との交流、激務の中で続けた民法学の研究とドイツ民法研究会での研究交流、学部長時代の多摩移転・学部縦割り移行をめぐる教授会間の紛争調整、阿利元総長急逝をうけ、大学院議長から突如就任した一年間の総長時代、法政大学定年退職後三年間の尚美学園大学勤務を経て、ロースクール発足による成蹊大学法科大学院における法曹育成教育などなど、想い出はつきない。それぞれの時代にこれらの体験を書きとめてきたエッセー、インタビュー記事その他の資料を使って、目次に示した構成を組み立て、本書を編集した。ただ、全編書き下ろしの書でないために重複した記述が目立つのが気にかかる。読者のご寛容をお願いするとともに、重複した部分は遠慮なく読み飛ばしていただくようお願いする次第である。

さて、齢八〇を過ぎると、東京大学大学院での指導教授川島武宜先生を始めとする恩師の諸先生、お世話になった知人、親しい親族・友人の多数を失い、さらにはドイツ留学以来長年交流を深めた年下のアレンス、シュレヒトリーム教授にも先立たれ、寂寥の感多き日々である。良寛の句に、「散る桜、残る桜も散る桜」がある。この句は、昨春畏友遠藤光男元最高裁判事の愛妻逝去の際に、彼にとどけた悔み状で引用して以来、幾つかの会合で披露した我が心に染み入る名句である。この「はしがき」の結びとして、また、この句を掲げたい。「散る桜、残る桜も散る桜」。やがては散り行く身、あせることもあるまい。わが人生の残された日々を一書生として淡々と生き、大学紛争のためやり残したこと多き我が民法学のまとめとして著作集の刊行をしたい。

その手始めとして、信山社から本書と共に『債権者取消権の判例総合解説』を出版する。信山社社長袖山貴氏そして編集の労をとってくださった稲葉文子さんには、この二著の刊行にあたりたいへんお世話になったし、ひきつづき今後もなるであろう。心より感謝の意を表して筆をおく。

二〇一〇年一〇月二一日

下森　定

目　次

目次

法学教育とともに

I　私の歩んだ道

1　私の歩んだ道 ――古稀を迎えて

（二〇〇〇年）

地下鉄有楽町線市ヶ谷駅田町口から外堀通りに出た途端、青く澄みわたった冬空に向かってそそり立つ、ボワソナードタワーの威容が目に飛び込む。それは、二一世紀のわが法政大学の輝かしい未来を啓示するシンボルである。

想いは飛ぶ。学問への道を志して上京し、現タワーの敷地に大内元総長による新築間もない、戦後法政のシンボル、大学院新館の門をくぐったのは、一九五四年四月であった。爾来、学問と教育に専念し、来年三月、思い出深い法政を定年退職する。この四六年にわたる法政生活を急ぎ足で振り返ってみよう。

法政は、自由と進歩を建学以来の学風とする。自由な教師、自由な学生がつどい集まり、自由闊達な議論を闘わすところ、ときに自から紛争が巻き起こる。戦前の漱石門下による法政騒動は有名であるが、新制大学移行後も民主化闘争、大学紛争、多摩移転をめぐる教授会間の争いなどなど。詳しく記す余裕はないが、一九六七年、補導委員会副議長のときの二五時間軟禁事件をはじめとし、学生部長、学部長、大学院委員会議長となるたびに難事件が起こり苦労した。

一九九五年五月、阿利元総長急逝の後を受けその残任期間、法政大学総長に就任した。この間、四つの新学部構想の基礎造り、ボアソナードタワーを中心とするキャンパス整備、寄付行為及び評議員選挙規則の改正に全力を傾けた。現総長の下、今それらの成果が着々と実現されているのが嬉しい。

苦労は多かったが、楽しい思い出もまた多い。二度にわたるドイツ留学、遠藤光男（元最高裁判事）、大島雄次（元安田生命会長）先輩など薬師寺門下の逸材との交友、総長時代の六大学野球優勝パレード、インド科学技術大学、韓国延世大学への訪問など。学問のことは別の機会に述べるとして、わがゼミから司法試験合格者約五〇名を生み、学者も育った。労働法の金子現常務理事、民法の宮本教授。これら若手に後事を託し、法政を去ることができるのは幸せである。母校法政に幸多かれと祈る。

（法政大学法学部同窓会会報三号、二〇〇〇・三・一〇）

2　私の勉学時代

（一九九五年）

(1)　転校でより広い学問の世界を知る

私は幼い頃母と死に別れ、祖父のもとで伯母に育てられました。しかし充分な愛情を受けて、何不自由なく成長することができました。

やがて小学五年生で祖父を亡くしたのと、伯母の教育的配慮から、六年生になると同時に生まれ育った島根県津和野の隣の小さな村から浜田市に家族で移り住みました。その転校先でカルチャーショックを受けたことが、勉強に目覚める最初のきっかけだったと言えるでしょう。

というのも、それまでは村の学校でのんびりしていても常に成績はトップでした。しかし、町の学校では、ちゃんと進学に照準を合わせて勉強している人がいたんですね。卒業する時は三番でしたが、上には上がいるんだと驚いたものです。

このように、自分の今までいた世界とは別の世界を知ったことは、とても刺激になりました。

(2) 勉強に目覚めながらも時代の波に呑まれて

次に進んだ浜田中学は、島根県内でも指折りの名門校でした。良き先生や先輩、友人に恵まれましたが、なかでも印象に残っているのはある熱心な先輩のことです。よく、実家の旅館に後輩たちを集めて、歴史や哲学の話をしてくれました。一三歳にして、今までとは違う形で学問に触れたことが非常におもしろく、喜んで通いつめたものでした。

ところが、もともと病弱な子どもだった私は、一年生の二学期に盲腸《もうちょう》をこじらせて二、三カ月の療養を余儀《よぎ》なくされます。そうこうしている間に戦争が激化し、二年生になると学徒動員で陣地づくりや塩田づくりなどの肉体労働に毎日駆り出され、とても勉強どころではなくなりました。しかしそれも、その年の八月一五日の敗戦で終わりを告げました。

終戦後は、さまざまな事情から再び田舎に戻り、津和野中学に転校しました。これが、通うのにひと苦労で、家から駅まで三〇分、駅から蒸気機関車で津和野の駅まで三～四〇分、駅から学校まではまた二〇分という道のりです。ところが当時は汽車が一～二時間遅れることもザラで、やっと来たと思ったら満員で乗れない。仕方なしに石炭車の上に乗ると、トンネルで顔が真っ黒になったりしてね。それだったら歩いたほうがよほど早いと、山を越えて通うこともありました。そのお陰ですっかり体が丈夫になりましたよ。

(3) バンカラ※を気取った、最後の古きよき時代

高校は、経済的事情もあって地元で新制高校の第一期生として入学することがほぼ決まっていました。ところが身内の支援もあり、間際になって憧れの《山高》こと旧制山口高校にチャレンジする機会が得られたのです。準備できたのはわずかな期間でしたが、なんとか合格を手にし、晴れて《山高生》となりました。

同期には、映画監督の山田洋次がいます。彼があの時代を題材に撮った映画で「ダウンタウン・ヒーローズ」というのがありましたが、特に寮生たちは、まさにあのままのバンカラな気風でね。私も入学とともに寮に入りましたが、入寮の日に越中ふんどしを持って来いと言われたんです。一体、何をするんだろうと思っていたら、その晩は校庭でファイヤーストーム。いきなりどぶろくを飲まされて、ふんどし一枚で踊らされました。これが高等学校というものかと、妙に感動しました。

寮にはそれぞれ寮長のカラーがあって、うちの寮長は哲学が好きな人でした。キルケゴールなんかを読んで、とにかく悩めというんです。学校の講義はどうでもいいから、本を読め、それから語学だけはしっかりやれ、とも言われましたね。

あの頃のスタイルは、高下駄にマント。私もそんないでたちで、バンカラを気取ってかっ歩したものです。そうして、高校の一年が過ぎていきました。

ところが、一年後、旧制高校は廃止され、新制高校に転換することになりました。それまでなら旧制高校を出れば、成績がある程度なら東大か京大に入れました。なのに急に、そうはいかないことが

わかってきた。情報の早い人は入学前にそれを知って、最初から寮にも入らず受験勉強をしていたようです。思う存分高校生活を謳歌《おうか》していた私は、すっかり慌てちゃいました。

(4)　本当に学びたいものを求めれば環境もそれに応えてくれる

もっとも、東京に出ようにもお金もありませんでした。そこで、新制山口大学の文学部に進みました。ところが、どうもおもしろくなくて。そんな時に、広島大学に、世界の平和に貢献する総合的な学部として政経学部が誕生したことを知って、これだと思い、翌年には入学しました。山や土地を売ったお金と育英資金で学費を工面し、やりくりするのは大変でしたが、学びたい一心でした。

そして昭和二九（一九五四）年に卒業。折しも現在のような就職難で、どうしようかと思っているところに先生から助手にならないかとお声をかけていただきました。しかも、先生の「できたばかりの学部に今残ってみても、学者として伸びないだろう」というご配慮で、東京で勉強することに。そこで先生の元同僚がいらっしゃった法政大学の大学院へ進みました。二年間勉強し、そのまま法政大学の助手となりましたが、そこでまた、「学者になるなら東大で勉強してこい」と言われ、東大の大学院に挑戦したのです。

(5)　人にもまれ、本を読み、考え、大人になる——そんな過程が必要

結果から言うと、私は地方の国立大、中央の私大、そして東大という三つの学府を経験した、いわば変わりダネです。それぞれに特色ある環境の中で学べたことは、法律家として広い視野を培う上で

も、また人間として生きていく上でも、貴重な財産となりました。

また、大学以前を振り返っても、私はちょうど学制の変動期を生きてきました。小学校は尋常高等小学校に入学しましたが、卒業する時は国民学校に名を変えていました。そして旧制中学から旧制高校へ進んだ最後の世代だったわけです。

そんな目から現代をながめると、あらためて旧制高校のよさが思い起こされるのも事実です。私たちの時代の高校は、入るのは大変だけど、入ってからは文系の人間も理系の人間も一緒になって幅広く勉強できた。勉強だけでなく、個性豊かな先輩や友人たちのさまざまな価値観に出逢い、考え、悩む中で、人間として成長することができたと思います。あの頃の学生たちは、大学に入る時点ですでに大人になっていて、専門の勉強に打ち込むことができたのです。

しかし、戦後は六・三・三・四制が徹底され、しかも大学入試がむずかしくなったおかげで、高校まで受験勉強に追いまくられる。知的関心を持たなくてはいけない青春の大切な時期に基礎知識の詰め込みをやるために、大学へ入学する頃にはヘトヘトになってしまって勉強しなくなってしまうんですね。これはやはり、問題じゃないかと思います。

(6)　まず現状を見つめた上で、新しい変化が求められる大学

しかし「存在するものには合理性がある」というヘーゲルの言葉もあるように、六・三・三・四制も重要な役割を果たしてきました。日本の高度経済成長を支えてきたのは、この教育制度だったのです。つまり、戦前のような人数の限られたエリート教育ではなく、企業が求める人材を大量に補給で

きた。サラリーマンを育成するには、最適の教育だったと言えるでしょう。しかし、その弊害が、今現れ始めています。あらためて教育の個性化・多様化が求められる中で、今後どうすべきかということがしきりに討論されています。

しかし、ひと口に大学と言っても国立大と私大では違うし、同じ私大でも女子大と共学でも違う。理系と文系でも違う。また、かつては必要なかった人間教育も、今の大学には強く求められています。このような現状をしっかりと踏まえ、分析した上で、それぞれの大学がどういう大学をつくっていくかを考え、打ち出していく必要があります。

(7)　隠れた才能という宝探しの場を提供したい

さて、それでは法政大学としてはどうしていくべきか。私は、大学教育に求められるのは、正確な基礎知識を身につける、考える訓練をする、表現能力を身につけるという三点だと思っています。

現在の法学部の例をとると、基礎的な学説や判例をできるだけわかりやすく教える大講義、六〇人ぐらいの教室での一問一答形式のソクラテスメソッドといわれる講義、少人数のゼミでの徹底した討論やリポートの作成と、さまざまな形で学問に親しめるよう工夫しています。こんなふうに学問のおもしろさを教えることが、人間教育につながると私は考えています。

また、偏差値にふりまわされない教育を実践していくために、入試制度の多様化、付属高校での教養教育の充実、そして通信教育の実施という三つの柱を設け、大学の個性化と多様化を図っています。昨年は法政大学から司法試験に合格した人のうち、女性が三名いたのですが、二人は付属高校と一般高校の出身者、あと一人は通信教育生でした。万が一偏差値教育に落ちこぼれても、望む機会に学習できなかった人でも、通信教育によって才能を開花させることができるのです。

人間は、誰もが隠れた才能をいくつか持っています。一人ではなかなかそれに気がつかないことが多いのですが、いい先生や友人、異質のものに出逢うことで、原石が磨かれて宝石になるように、徐々に自分の中の宝物が見えてくるわけです。どうかみなさんも、知的関心を持ち続けてください。たとえ一度や二度挫折しても、向かっていく心さえあれば大丈夫です。私たちは開かれた大学として、一人ひとりが自己の可能性を開拓する場を提供していきたいと願っています。

※バンカラ（＝蛮カラ）……身なり言動が粗野なこと。そういう人のこと。「ハイカラ」をもじって対応させた言葉。

（関塾タイムス一九九五年一一月号インタビュー記事）

3　外濠の桜とともに四六年【講演】

（二〇〇〇年）

本日は、同窓の皆様の前でお話をする機会を与えられ、たいへん嬉しく、かつ光栄に存じます。私は、一九五四年（昭和二九年）四月に法政の大学院修士課程に入学し、来年三月に、定年により法学部教授を退職致しますので、今日まで四六年にわたる長い法政生活を送ってきたことになります。

最近、来年の定年退職を控え、これまで書き溜めたエッセーを一書にまとめるため、いろいろな資料を整理していましたら、元総長の中村哲先生より頂いた一通の古いメッセージが出てきました。今から四〇年前の昭和三五年四月に法学部専任講師に就任した私は、この年の一〇月に結婚したのでありますが、このとき中村先生は、イギリス留学中でしたので、ロンドンからお祝いのメッセージを、私の結婚式のために送って下さったのであります。それを読み直してみましたところ、その後の法政における私の役割を見事に指摘されていることに、改めて気づかされましたので、ちょっと長くて恐縮ですが、このメッセージをご紹介することから、今日の話をはじめさせていただきたいと思います。

「下森君のこと」

一九六〇年九月二二日

ロンドンにて　　中村　哲

「下森君は広島大学の中川教授の教え子で、彼を広島大学に残したいが、解釈法学が広島では出来ないので、薬師寺教授のいる法政の大学院にあずけたいといって、僕に引き合わせた青年でした。その後、彼は彼を知っている人々の期待にそむかず、法政や東大の友人たちの厚意ある指導によって、民法学者として一人前になろうとしていますが、感慨ふかいものがあります。法政の同僚の一人としての下森君はいろいろな意味での、いろいろな関係のつなぎの役割をもっています。

その一番大きな意味は、法政に学風を打ち立ててゆく場合、法政で若い学徒を育ててゆかなければなりませんが、その場合、彼が一つの過渡的な役割をもっていること、そして、今後とも、私学が狭い孤立主義にとどまるのではなく、東大などの良いものを大いに吸収してゆかなければなりませんから、彼が、今後の法政の若い人々の良き理解者であり、また古いものと新しいもののつなぎの役割を果たすと思います。

法政の若い学生たちは学問や人間の本当のものが何であるかを感じてはいると思いますが、よくは実感をもって理解していないので、温かく教えてやらなければなりません。これにわれわれの責任があります。これまでのわれわれの努力が欠けています。われわれにとかく欠けがちな、根気のある温かさを、彼、下森君はもち合わせていると信じます。

彼は偶然の事情で、ずいぶん苦労してきているが、同時に、偶然の事情で恵まれてないともいえません。彼の故郷、津和野は気品のある清潔な土地で、この面では大変恵まれた環境です。僕が彼に、なにかを望まなければならないとしたら、私情と公情とをはっきりと区別し、社会的、学問的には、彼の人間的温かさを殺して厳しく強く主張することです。」

この後の私が、中村先生の、このご期待に果たして添い得たかどうか、はなはだ心許ないのでありますが、その後四〇年にわたる法政大学専任教授としての私の役割は、中村先生が明確に指摘されたように、「いろいろな意味での、いろいろな関係のつなぎの役割であった」と思われます。そこで以下この角度から、年代を追って、与えられました四〇分という時間の許す限りで、いくつかのことをお話してみたいと思います（以下、講演記録をまとめた記事を再録する）。

(1)　法政大学のマスプロ化・マンモス化の時代——大内総長から有沢総長への時代——

私が専任講師に就任した昭和三五年は六〇年安保の年であり、日本は激動の年であった。その前年に大内兵衛先生が総長を辞任され、有沢広巳先生が総長に就任された。大内時代、わが法政大学では初めて近代的な大学経営が行われ始め、ホテル法政と見間違えられたネオンサインで一躍有名となった、大学院校舎の五十三年館をはじめとして、五十五年館、五十八年館、第二五十八年館が次々と竣工し、これに併せて、大学進学率の上昇機運に乗り、法政大学のマスプロ化・マンモス化が始まった。昭和二七年から三一年まで、法学部の学生数は昼夜合わせても、一学年二六二人から、四四五人程度の推移にとどまっていたが、昭和三二年になると、一挙に九八〇人と倍増し、その後も増えつづけて昭和五五年にはその数一五一七人に増えた。

したがってキャンパスは学生であふれ、学期始めは教室に入りきれない学生で大変だったことは、当時卒業された方々の、よくご存じのとおりである。もっとも、一月か二月たつとほとんど座れるようになったのではあるけれども（因みに昨年の一年次の学生数は、昼八四六名、夜三一九名、併せて一学年一一六五名である）。

これらの校舎の建築はすべて借入金で行われたので、学生数増に伴う授業料収入は借金の返済にまわされ、教職員の給料は極めて低廉であった（この点は他大学も同様であったが）。其のため教職員組合の活動が極めて活発で、五十八年館の最上階から吊るされた垂れ幕に、「近代的校舎の下、教職員飢ゆ」とあったのが強烈な印象として残っている。その後少しずつ待遇は良くなったが、若手の助教授たちの不満はやがて研究や教育条件の不備に向い始めた。

当時、評論家の大宅壮一が、「法政は東大の植民地」だとか、「教授一流、学生三流」とか、われわれにとって大変気に障ることを言っていたが、確かに教授陣はなかなか充実しており、憲法の中村哲、国際法の安井郁、民法の薬師寺志光、労働法の有泉亨、日本法制史の石母田正等の大家に加えるに、法律学科では、内山尚三、青木宗也、舟橋尚道、吉川経夫、政治学科では、阿利獏二、松下圭一、藤田省三などの中堅・若手諸教授が、学界やマスコミ界で大活躍されていた。これらの教授たちは自宅に立派な書斎をもたれ、あるいは大学外での活動が忙しく、大学における研究室や図書館・資料室の整備充実には、一部の方を除き、必ずしも熱心ではなく、大学あるいは法学教育の改革についてもまたそうであった。

これに対してわれわれ助手・若手の助教授たちは、住宅事情も悪く、研究図書や研究費にも事欠き、他方、教室に学生があふれて十分な指導も出来ず、期末試験では二〇〇〇枚を超える答案の採点に追われる状態で、われわれ自身についてはもちろんのこと、学生諸君の不満をも肌身で感じていた。そこで、法学部の私（後に霜島教授参加）、経済の徳永重良、川上忠雄、経営の野田正穂などが呼びかけて全学から若手の有志を集め、昭和三八年一〇月に研究・教育体制懇話会を発足させた。懇話会の活動は、教員に対するアンケート調査に基づく研究条件白書の作成を手始めとして、学生に対するアンケート調査に基づく教育条件白書の作成と続き、それらの資料を下に月一回ぐらいの割合で会員が集まって、徹底的に討議し、法政大学の研究・教育体制全般にわたる現状分析とそれに基づく具体的改革案をまとめあげ、昭和四二年の秋に白書第三集「法政大学の研究と教育」として公表した。この当時、教員のボランティア活動としてこのような改革案を公表した大学は全国的にも珍しく、注目を浴びた。

昨年七月、ボアソナードタワーの会議室で昔の仲間の集まりをもったが、大半の者がすでに、中途あるいは定年退職で、法政を去り、また死亡者も数人いて、今昔の感をひしひしと覚えた次第である。今改めて、白書を読みなおすと、その後の大学紛争の中で全国的に問題となった、マスプロ教育の弊害、一般教育の不徹底、教養教育、専門教育、大学院教育の有機的関連付けの必要性、研究・教育全般にわたる物的設備・施設の不備、入試改革、研究者の養成の必要性と待遇改善などなどについて広く論じ、かつ具体的提言をしており、結構先駆的な良い仕事をしたのだなと、みんなで話し合った次第である。

(2) 大学・学生紛争の時代——有沢総長から中村総長への時代——

昭和四〇年代は、日本、いや世界全体の大学で、「造反有理」と学生が暴れまわった激動の時代であった。この中で、わが法政大学は、早くから激しい紛争が始まり、遅くまでそれが続いた珍しいというか、われわれ教員にとっては大変な大学であった。

法政の紛争は、六〇年安保後の学生運動の分裂、とくに民青と反民青との対立、革マルと中核その他の新左翼間の対立に伴う内ゲバ騒動に端を発し、学生の暴力行為に対して大学が処分し、これに対して大学に対する処分撤回運動として展開されたのが、特色であった。もちろんその後の全国的な大学紛争の展開の中で、大学改革、さらには大学解体がスローガンとして掲げられたが、後の日大闘争や東大闘争とはかなり趣を異にした紛争であった。

大衆団交や大学封鎖などに象徴される激しい紛争は、法政では、昭和三七年の処分撤回闘争から、私が学生部長を務めた昭和五四年ごろまでの約一六年間にわたって続いた。この間の総長は有沢・谷川総長、小田切・菰渕総長代行、渡辺・中村総長と六人の方々であった。三七年事件では、大学当局が学生の圧力に屈し、処分を撤回する結果となったので、われわれ若手は、大変憤慨したものである。この体験がその後の紛争に生かされ、中堅・若手の教授の全学的な団結が強まり、他方、中核や全共闘の学生諸君の大学改革・解体の主張に対しては、われわれは先の白書にまとめた改革案をもって理論闘争を挑み、例の二五時間軟禁事件のときでも、この点では一歩も引かなかったと自負している（この事件については、拙稿「軟禁された二五時間」中央公論昭和四二年一一月号参照）。大学封鎖は、法政では一般学生諸君の大いなる協力をえることができ、幸い警察力を借りずに自主解決出来たが、その後も紛争は絶えず、大変苦労した。大衆団交の後、教授仲間と詩人草野心平さんの愛人がやっていた新宿の、バー「学校」で飲み明かしたり、学生部長時代、府中の学生寮での徹夜団交の後、数時間仮眠をとって、昼頃から自治会との大衆団交に望むといった、はしご大衆団交など、いまでは懐かしい思い出である。当時は私もまだ若く、血気盛んで、学生諸君からは「豆タンク」というニックネームをつけられた。

(3) 経済・社会両学部の多摩移転前後の時代――中村総長から青木総長への時代――

三〇代、四〇代という学者としてもっとも大切な時期に打ち続いた大学紛争は、落ち着いて原書に取り組み、大著をものする余裕を私から奪ったが、昭和四七年四月から一年間、また五六年九月から半年間の二度のドイツ留学は、私に学問的意欲を呼び戻してくれ、充実した日々を送ることができた。また二度目の時は、当時大学院生であった宮本健蔵現法学部教授をフライブルグに伴い、後継者として育てる訓練をすることも出来た。しかし、昭和五八年、五三歳で学部長に就任するや、また大変な難題と取り組むことになった。

大学紛争が一段落した後、わが大学の課題は、教学改革と多摩キャンパスへの移転問題であった。大学理事会や教授会での、徹底的な討議の中、いろいろな過程を経て、経済・社会両学部の多摩移転と新学部創設の方向性が次第に固まってきたが、教養部と専門学部の合体（いわゆる縦割り）を主張した経済・社会学部と教養部の対立が決定的に深まり、新学部の構想も二転三転する状況の中で法学部長に就任することとなった私は、加来文学部長、下川経営学部長と共に斡旋に乗り出し、いろいろ努力した。しかし、結局事態は解決せず、中村総長の退任、参議院議員への転出、青木総長の就任となった。

青木総長の下、多摩移転は何とか完成したが、新学部の創設は難航し、そのうち、木月グランドの売却をめぐる不祥事がおこり、校友会改革も焦びの急となるなか、阿利総長の登場、校友会改革への取り組みとなったわけである。しかし、もはや与えられた紙数も超えたし、これら最近のことはよく知られていることなので、先を急ごう。

(4)　法政大学の新たな発展——阿利・下森から清成総長へ——

平成七年五月、阿利総長の急逝後、当時、大学院議長を務めていた私が、急遽担ぎ出され、思いがけずも一年の残任期間の総長就任となった。この間に私は、懇話会以来の仲間であった川上学務理事をはじめとする有能な理事陣の協力の下に、四つの新学部構想の基礎造り、ボワソナードタワーを中心とするキャンパス整備、寄付行為および評議員選挙規則の改正に全力を傾けた。今日、清成現総長の下でそれらの成果が着々と実現され、かつての若き日に、研究・教育白書の中で提言したわれわれの夢、すなわち学部新設による専門・教養の縦割り一貫教育、大学院の充実、さらには教育・研究施設の充実とくに一人一研究室の実現などが、三〇数年を経てようやく実現されつつあるのを見ながら、大学を去ることができた幸せを、いま味わっている。

またこの四一年間、大学・法学部の先輩・同僚教授・職員の方々や院生以来の友人達、さらには私の民法講義を聴いていただいた多くの学生諸君、五〇〇名を超えるゼミ生諸君、司法会、法社研、法律相談部、法職講座をはじめとする司法試験受験団体の諸君、さらには吟詠部、ゴルフ同好会、自動車部の諸君などなど、忘れ得ぬ人々の長年のご厚意に、いま改めて感謝の念を強めている。

むすび

二一世紀に入り、世界も日本も今、激動の時代を迎えている。大学もまた冬の時代を迎え、次の世代の役割は重大である。今大切なことは、大学経営、財政の健全な確立である。しかし、大学改革にとって最も大切なことは、大学共同体の構成員が、現役・OBを含めて、学問を愛し、学生を愛し、法政大学を愛することである。開かれた自由な学風という伝統のもと、民主的な討議を踏まえて、協力して事態の打開にあたれば、わが法政大学の未来は明るい。

近時、法曹改革、大学改革の一環として、ロースクール構想が社会の耳目を集めている。ここでは残念ながら、この問題に触れる余裕はないが、これまでの各大学の構想を見ると、当初は東大を初めとして、要するに自分の大学のことのみを中心に考える視野の狭い論議が目立った。そこで、昨年ボアソナードタワーで行ったわが大学のロースクール・シンポジュウムにおいては、二一世紀の日本の法曹養成をどうするかを公論するという立場から問題の提起をし、その際、私も懇親パーティーの挨拶のなかで、このボアソナードタワーにおいて、かつて、ボアソナードが活躍した百年前の明治の原点に立ちかえり、グローバルな視野の下、二一世紀に向けてこの国の形を公論することのシンボリックな意義を強調した。

講演記録をまとめた本稿を締めくくるにあたり、私は、今一度、ボアソナードや梅の説いた大学創立の理念、自由と進歩、開かれた学風の維持を、そして、かかる学風を受け継ぐ、法政からの、法政の後継者の養成を、さらには、大内元総長の唱えられた、日本や世界に、一石、一木でも付け加えうるような有用な人材を我が大学から輩出させることを、つぎの世代に強く訴えたい。これが、四一年前、中村元総長によって私に課された課題、「つなぎの役割」の最後の仕事かと思いつつ、筆をおく。

（法政大学法学部同窓会講演）

4　私の民法学の歩み【法政大学最終講義】

（二〇〇一年）

(1)　私の修業時代

(i)　高校・大学時代

はじめに、私の民法研究の歩みをよりよく理解していただくために、研究者を志す前の私の勉学の歩みを簡単に述べさせていただきます。私は、旧制高校最後の入学生でして学制改革のため一年で高校を終わり、新制大学に入った世代です。高校は山口高校の文科乙類でドイツ語が第一外国語、英仏語を第二、第三外国語として履修するクラスで学びました。大学は広島大学の政経学部で、今でいうところの、学際的な教育の必要性を唱えられた森戸辰男学長の理想の下に新しく作られた学部でした。法律専攻と経済専攻とに一応分かれてはいましたが、社会科学一般を学際的に学ぶことにカリキュラムの重点が置かれていましたので、民法の講義は財産法二部制となっており、学部時代はあまり民法の勉強をしておりません。大学時代の勉強として印象に残っているのは、教養部時代、後に京大に移られた哲学者清水純一先生を囲む研究会で、ヘーゲルの小論理学を原典で読み上げ弁証法の考え方を身につけたこと、学部のゼミは商法・労働法担当の中川正先生の下で学び、卒業論文で三〇〇ページくらいあった、ジンツハイマーの労働法原理を原書で読んで従属的労働概念についての論文をまとめたことなどです。

(ii)　法大院生時代

学部卒業の際、中川先生から、君を助手として残す話が教授会であるが、広島では十分研究できないので東京に行け、法政で台北帝大時代の同僚の中村哲教授が学部長をしているからそこを紹介してやるといわれ、法政の大学院に入りました。法政では、民法を薬師寺先生に、労働法を東大社研の教授をしておられた有泉先生に学びました。当時法政の薬師寺門下には逸材がそろっており、大学院の三〇九号室を根城に侃々諤々の法律論を戦わしたのが懐かしい思い出として残っています。先日最高裁判事を退職された遠藤さんもその一人ですが、私が入学したときはすでに司法研究所に入っておられました。当初私は、当時の人気学問であった労働法の研究を目指していたのですが、有泉先生から労働法を目指すなら、まず民法を勉強せよ、学者を目指すなら、博士課程は東大へ入れと勧められ、その後東大に入り、川島先生のご指導を受けることになったのであります。もっとも、そうすんなりと東大へ入れたわけではありません。博士課程へ入るためには、ちゃんとした修士論文を書く必要がありました。修士二年目にどんなテーマで論文をまとめようかと迷っていたところ、広島の中川先生が、最近手に入れたドイツの本で、マルチンボルフ教授の還暦記念論文集があるのでそれを貸してやる。それを種本にして論文を書いたらとアドバイスをいただき早速その本をざっと読んだところ、ケメラー教授のファルシュリーフェルングという小論文がたいへん面白く、これを種本にすることにしたわけです。

今年度の講義の中で説明しましたように、ファルシュリーフェルングとは、誤った給付のことで、あるいは異種の物の給付・異種物給付と呼ばれることもあります。たとえば、一等米を給付すべきときに品質の劣る二等米を給付したとすると、それは瑕疵ある物の給付として瑕疵担保責任の問題となるのか、それとも種類の異なる物の給付として債務不履行の問題となるのかの問題です。そのどちらと解するかで時効期間その他で効果論上大きな差異が出るので、当時のドイツで大変な論争があり、ケメラーはこの論文でいわゆる主観的瑕疵概念を提唱し、これがその後の通説をとなったのです。この問題の前提問題として不特定物売買における瑕疵担保責任規定の適用の可否問題があり、この点はドイツ民法では四八〇条の立法で解決されたわけですが、日本ではこれに当たる規定がなく今日なお、論争が続いていることは講義の中でお話ししたとおりです。そこで、私はこの二つの問題を取り上げて、瑕疵担保責任のローマ法以来の沿革、ドイツ普通法及び現行法の下での学説・判例の問題状況の史的発展過程を探り、さらに日本法のそれに及ぶ研究を修士論文としてまとめたのであります。

この論文を東大に提出しましたところ、ドイツの文献を十分調べていないとされて実は最初の年は不合格となりました。当時の法政の図書館には日本の文献は比較的そろっていましたが、外国文献はすこぶる貧弱であり、法政の図書館の文献はすべて調べましたが、もちろん不十分で、しかも当時の日本の大学図書館は、外部の学生に図書を利用させる状況にはなく、大変悔しい思いをいたしました。ところが審査に当たられたドイツ法の山田先生が、私の論文に見所があると判断されたのか、有泉先生のお口添えもあり、一年間自分の研究室の利用を許すので、東大の本を使って論文の補充をせよといってくださり、そのおかげで翌年、東大の大学院博士課程に入ることが許されたのでありま す。修士課程を終わったとき、法政法学部の助手に採用されましたが、翌年東大に合格したところ、法学部長の中村先生が助手の給料をそのままやるから東大で勉強してこいといわれ、経済的に大変助かりました。当時の法政は、大変牧歌的で、中村先生のお人柄もあったと思いますが、他大学から来ました私でも、分け隔てなく受け入れてくれる自由な、開かれた学風でありました。この自由な学風は、今日まで受け継がれており、今後とも法政の良き伝統として維持さるべき伝統だと思います。

(iii)　東大院生時代

(イ) 東大では、川島先生のご指導を受けることができ、私の本格的な民法学の研究が始まりました。この当時、すでに私の学問的興味は労働法から民法に向かっていました。私の民法学の基本的骨格は、川島法学にあり、先生の「科学としての法律学」、「判例研究の方法論」が土台となっていま す。かつて、大先輩の同僚でありました法史学の石母田正先生が私に、川島先生の名著「所有権法の理論」は、ヘーゲルのドイッチェイデオロギーが土台となっていると言われたことがあります。教養部時代、ヘーゲルを勉強し、その延長線上でマルクスの史的唯物論、マルクスウエーバー、エールリッヒなどをかじっていた私には、東大に入る前からすでに、川島法学に惹かれる下地があったと思います。と申しますのは、修士論文においてすでに私は、判例や学説の解釈学的研究の上で、形式論理を中心とする概念法学的研究に飽きたらず、瑕疵担保責任制度やそれを巡る判例・学説の研究上、その制度が対象としていた当時の商品取引の実態、さらにはその歴史的変動過程との関連で、判例や学説の変化を歴史的に跡づけ、分析し、その上で解釈論を展開することの必要性・有用性を主張していたからであります。このような私の問題意識には、川島先生の説かれた科学としての法律学や、事実と結論との対応関係で判例を分析し、言語的に表明された法的構成の背後にある裁判官の真の判断基準、判例法の流れをつかめというご主張は、砂漠に水の流れ込むように吸収でき、同感できたのであります。話は一気に飛びますが、後で時間があればお話しする予定の、サブリース契約を巡る近時の論争の展開にふれるにつき、私は、今更ながらこのことの重要性を感じさせられており、かかる問題意識が希薄となり、言語上の形式論理で問題を機械的、よくいえば能率的に割り切ろうとする近時の判例や学説の登場に危惧を覚えさせられている次第です。

（ロ）今ひとつの東大時代の収穫は、判例民事法研究会への参加でありました。当時は我妻先生をはじめとして川島、来栖、加藤の民法陣に加えるに、商法・民訴、労働法、基礎法の分野からも、鈴木、石井、有泉、山田、兼子、菊井、三ケ月等の大先生が毎回のごとく出席され、活発な議論をされており、我々院生は議論についてゆくのがやっとという状況でした。また年に四、五回は報告が求められて準備が大変でしたが、非常に勉強になりました。ここで感じたことは、一流の先生でもここから先は分からないのだなということと、ここまでは分かっていなければならないのだなという見極めができたことです。一流の物にふれることの有用性、必要性はこの点にあると思います。というのは、そうでないと変に卑下して見たり、出来もしないのに、変に自信を持って唯我独尊の弊に陥ってしまうからであります。

（ハ）東大院生のときに書いた私の主論文は、債権者取消権の研究であります。このテーマを選んだきっかけは川島先生にあります。当時、東大法学部では、判例研究会の他に月一回、最新の外国文献を読んで報告する研究会がありまして、先生からパウルスの債権者取消権に関する論文を渡され報告を命じられたのが、そうであります。この報告はその後法学志林で発表しましたが、ちょうどそのころ、阪大の中野貞一郎先生もこの論文を研究されており、パウルスの責任説を高く評価された紹介をされましたが、活字となったのは私の紹介論文の方がやや早かったかと思います。これを下にして責任説に立脚した債権者取消権の研究をまとめて法学志林に発表し、これが評価されまして法学部の専任講師に採用され、ここから私の研究者としての独立した法政生活が始まりました。昭和三五年、一九六〇年のこの年、私は三〇歳、まさに論語に言う三〇にして立つ、而立の年であったわけです。

（ニ）このようにして、二〇代の修業時代までに、私の民法学の基本的骨格が固まりました。すなわち、第一にヘーゲルの弁証法、史的唯物論、ウェーバー、エールリッヒなどを背景とする法解釈学・判例研究方法論、第二に瑕疵担保責任・契約責任の研究、第三に債権者取消権・責任財産保全制度の研究の三本柱であります。その後の私の民法研究は基本的にこの土台の上に立ち、これを発展させたものであります。

(2)　独立研究者としてのその後の歩み

(i)　激動の研究環境

法政の専任教授となってからの私の民法研究は、必ずしも順調には進みませんでした。六〇年安保後の騒然たる日本の社会状況は、象牙の塔と称される大学内にも大きな政治的激動をもたらし、他方で財政的基礎の脆弱な私立特に我が法政大学のマスプロ化・マンモス化による講義その他の負担増、図書館・研究室その他の研究環境の貧弱さは、東大院生時代に比べ、劣悪といって良い研究環境でした。特に昭和三〇年代後半から二〇年近く続いた法政の激しい大学紛争・学生運動への対応は、三〇代、四〇代というもっとも学者として油の乗り切る年代であるはずの私の体力、気力を消耗させ、落ち着いて原書に取り組み、大論文、大著をものにする時間的余裕や学問的環境を私から奪いました。さらに大変な打撃であったのは、院生時代にこつこつと書きためた研究ノートや判例カード、専門の図書類が、大学占拠、研究室封鎖のときに、大量に盗まれ、あるいは破棄されたことであります。無法地帯であった当時は、外部から泥棒なども大学に入り込んでいたようであり、法政のみならず、東大でも状況は同じで、川島先生が長年に渡って書きためられたメモカードが、東大法学部研究室占拠の際に破棄され、先生の債権法体系書の執筆がついに未完に終わったことは有名な話であります。

(ⅱ)　二度の海外研究

しかしこの間、二度にわたる海外研究の機会が、大学から与えられ、私の学問的意欲をかき立ててくれました。このとき知り合った、アレンス教授、ギルレス教授、シュレヒトリーム教授とはその後も親しく、日本やドイツで互いに交流を続ける機会があり、今日に至っています。特に有益であったのは、第二回目のドイツ留学です。学生部長退職の慰労の意味で与えられたこの機会に私は、当時私の初めての博士課程指導院生で、しかも第一回の法政大学院生海外研究生に選ばれた現法学部教授の宮本健蔵君をフライブルグ大学に伴い、六ヶ月間寝食を共にする留学生活を送りました。これには経済的理由もありましたが、今ひとつの理由がありました。かつて薬師寺先生に、法政ほどの伝統のある大学でなぜ卒業生からの民法学者が育たなかったのでしょうかと伺ったところ、実は戦前に二人の助手を留学させたのだが、商法の児玉正勝君は頑張って学者になり、法政に残したが、民法を志した学生は遊んで物に成らず、大学の財政事情もあってその後は留学生の派遣が取りやめになったのだということでした。このことが頭にあり、第一回の院生留学生が物にならないと後に与える影響が大きいと考え、一緒に暮らして厳しく監督することにしたわけであります。宮本君にとっては、大変苦痛であったことと思いますが、彼はよく頑張り、今日に至ったのであります。

この留学中に私は、バウムゲルテル教授に求められていた日本法の瑕疵担保責任に関するドイツ語論文を書き上げましたが、今ひとつの重要な仕事をしました。それは、シュレヒトリーム教授からドイツ民法改正の動きが始まり、債権法改正の鑑定意見書が公刊されることとなったという事実を教えられ、その資料を彼からもらうことができたからです。早速、当時フライブルグに留学していました東大の能見教授、成蹊大学の飯島教授と我々の四人で研究会を持ち、その概略をジュリストに発表しました。

(iii)　ドイツ民法研究会

さらに帰国後、岡君の精力的な協力の下に、都内の若手民法学者に呼びかけて、法政大学現代法研究所のプロジェクトチームとしてドイツ民法研究会を組織し、この問題の研究を続け、一橋大の好美教授等とともにその研究成果を世に問うことができました。これが、一九八八年、昭和六三年に日本評論社から出版しました『西ドイツ債務法改正鑑定意見の研究』であります。この研究会は現在まで活発な活動を続けていますが、その後さらに『ドイツ債務法改正委員会草案の研究』を公表しています。この研究会を通じて、宮本君や請負契約の研究をしている現流通経済大学助教授の花立文子さんを研究者として育てることができました。今後も法政から研究者を育てる場合、大学内部での研究会のみでは、院生の層が薄いので十分でなく、このような研究会組織の維持・充実が必要と考えます。なお、研究会活動としては、この他に川島先生を中心とするクレーム研究会、土地有効活用研究会その他がありますが省略します。

(3)　三種の研究課題のその後の展開と総括

(i)　瑕疵担保責任の研究から契約責任の再構成さらに給付障害法の研究へ

(イ)まず、私の処女論文である「種類売買の法的保護に関する一考察」において、私が到達した結論は、要するに従来の通説擁護論でありました。すなわち、特定物売買における売主の本来的給付義務は、原則として当該特定物の所有権や占有を買主に移転することにつきると解するのが現行民法典の論理解釈として正当である。瑕疵のない物の給付義務は、特約のない限り存在せず、瑕疵ある物の引き渡しを受けた買主の法的保護は瑕疵担保責任によるべきで、拡大損害・瑕疵結果損害の問題は別として、本来の給付義務に関する不完全履行責任の問題は生じない。他方、種類売買といった新しい商品取引における欠陥商品の給付をめぐる法的救済は、不完全履行論の新たなる展開によって対処すれば十分であり、沿革的に見て、古い商品取引形態である不代替的特定物売買を主たる対象として構築されている現行民法五七〇条の競合あるいは選択的適用を認める必要はなくかえって混乱を生ずるのみである、かかる法的構成によればドイツのように瑕疵概念を拡張する必要もないのであり、種類売買に瑕疵担保責任を拡張したドイツ民法四八〇条の立法がむしろ問題であって、勝本説に始まる日本の不完全履行論の方が、むしろ優れた法技術であるというものでした。この基本的立場は今日まで変わらず、その後この通説を特定物のドグマだとして批判する契約責任説との間で論争を続け、またこの見地から、ドイツ債権法改正草案についても批判的考察をしていることは、今年度の講義の中で詳しくお話したところであります。

（ロ）なお、この間一九六九年に公表した「不特定物売買と瑕疵担保責任」は、私の判例研究方法論をこの問題分野で具体的に展開したものであり、そこで主張しました、判例を学説の発展史との関係でも分析すべきだとの指摘、また成文法法主義に立つ国での判例法の研究では、不文法主義の場合と異なり、判決の法的構成にも一定の解釈先例的意義を認めるべきだとの問題提起、さらには商事判例の中に重要判例が搭載されていることを発見し、それまでの判例研究に一石を投じたことなどで、評価さるべき問題作であったと自負しています。

（ハ）また一九七六年に公表して以来、いくつかの連作を書きましたマンション分譲業者の瑕疵修補義務の提唱が、今年から施行されました住宅品質確保法で日の目を見たのはうれしい成果でありました。

（ニ）瑕疵担保責任の研究から、宮本健蔵君が取り組んだ統一的保護義務論の論文指導を契機として、やがて問題関心は契約責任再構成の研究へと発展し、安全配慮義務論、専門家の契約責任論、さらにはドイツ債権法改正問題の研究から近時は給付障害法の全体構造の分析と再構成、債権法改正問題へと関心が展開していますが、もはや時間も残り少なくなりましたのでこの分野はこれで終わりにします。

(ii)　債権者取消権の研究

私の第三の研究分野である債権者取消権の研究は前述しましたようにパウルスの責任説の紹介から始まったものですが、パウルスの理論で特に私が興味を持ちましたのは、通常のドイツの学者と異なり、彼が債権者取消権制度の体系的技術構造の分析から、責任法的反射効というすばらしい概念を作り上げた方法論的斬新性であります。助手論文の後、いくつかの判例研究の成果をふまえて、川島還暦論文で要件論を、さらに谷口還暦論文で効果論を展開し、注釈民法一〇巻の論文で一応の体系的な研究の完結を見ましたが、目下その後の判例・学説の展開をふまえて、注釈民法の改定作業に取りかかっています。その完成後、一粒社から依頼されている総合判例研究を執筆し、さらにこれらの成果をふまえて論文集をまとめることが、今後の私の課題でございます。

要件論では、主観・観客両要件の総合的・相関的判断の必要性、また取消しの相手方が債権者の一人である場合とそうでない場合とでは判断基準を異にすべきだとの指摘、効果論では、受益者の債務者に対する不当利得請求権の範囲すなわち、債権者取消権の行使がなされたことで債務者がえた利得は、債務者が受益者から受け取った対価ではなく、債務者が受益者の財産で債務を免れた額であると考えるべきだという主張などの独自の問題提起をしました。とくに後者の問題については、ドイツの学者も考えておらず、ギレス、シュレヒトリーム教授の他、オーストリーで責任説を主張している、ウイーン大学のコチオール教授も法政での研究会の際、私の意見に興味を示してくれました。

(iii)　その他の解釈学的研究

以上の三本柱の他、債権者代位権の転用例、法律行為の取消と登記、債権の準占有者への弁済、重複填補の調整、有料老人ホーム契約等々の研究で学界に一定の問題提起をし、ごく最近では、サブリース契約における賃料減額請求訴訟で鑑定意見書を執筆し、目下最高裁の判決を待つといった状況にあります。これらの問題いずれも私にとっては興味のある研究テーマで、ぜひお話ししたいのでありますが、これまでの講義の中でお話ししたものもあり、時間もきましたので、省略させていただきます。

む　す　び

以上が、私の民法学の歩みでございますが、天才的学者であった指導教授の川島先生のお仕事に比べ、私の民法学は誠にささやかなものであり、皆様の前でお話しするにはあまりにも恥ずかしい成果ですが、我が人生の一つのけじめとして今日の最終講義をさせていただきました。物的研究環境には必ずしも恵まれない生涯でしたが、人的には大変恵まれ、私を今日まで導き、支えてくださいました恩師の諸先生、民法の原、舟橋、内山、安達、須永、岡教授をはじめとする法学部の同僚諸教授、さらには法政職員の方々、学生、ＯＢの皆様に改めて心から御礼を申し上げます。そして私のこの最終講義を聞いてくださった学生諸君の中から、近い将来、法政の民法学さらには日本の民法学を担う学者が一人でも出ていただければこれに勝る喜びはありません。最後になりましたが今日の講義の準備をして頂いた方々にもあつく御礼申し上げて私の講義を終わりと致します。どうもご清聴ありがとうございました。

5　法政大学退職後の私（その一）
――三つの新体験と日常生活【講演】

（二〇〇八年）

私は今年満七八歳になります。法政大学退職後、尚美学園大学で三年間教え、その後四年間成蹊大学法科大学院の専任教授をし、今年四月から非常勤講師で週一回ないし二回教えています。今日は、「法政大学退職後の私」というテーマでお話しします。

法政大学退職後、三つの新しい体験をしました。第一は、パソコンを身につけたこと、大変良かったですね。これは七〇の手習いでした。総長時代は白内障で夜は別として、明るい昼は目があまりよく見えなかったのですが、総長を辞めた後、三井記念病院の赤星眼科で白内障の手術を受けました。手術後、眼帯をはずしてもらった瞬間、パッと目の前が明るくなりまして、今までぼやけていたものが、もう最新式のカラーテレビを見るような状態になったのですね。そこで七〇歳ちょっと前にパソコンの勉強を始めました。インターネットも、メールも使えるようになって、非常に重宝しております。本当に面白い。年取っているからだめではありません。まだやってない方、おやりになったほうがいいですよ。

第二に、理論と実務のかけ橋といいますか、意見書を書く機会が非常に増えました。サブリース訴訟、青色発光ダイオード訴訟、国際友情クラブと日東興業の詐害行為取消訴訟、それから皆さんのご承知のものとしては、住友信託とＵＦＪの合併問題などについて意見書を書いております。このことで、実務家の方と交流が盛んになりました。特にロースクールでは実務方面の教育をやりますから、弁護士や裁判官出身の方と一緒に勉強していますと、非常に視野が広がってきたなという感じがします。また、国際商事紛争の仲裁法廷の仲裁員人を今やっております。これも新しい体験で非常に面白いのです。

第三は、日中韓の国際シンポジウムに参加する機会が増えたことです。二〇〇二年一〇月に中国北京の清華大学法科大学院のシンポジウムで、「日本民法における詐害行為取消権制度とその問題点」というテーマで責任説などの話もしてまいりました。清華大学というのは、中国では北京大学と並ぶ大学です。工学部がなかなか優秀で、もう北京大学を抜いているのではないかと言われています。中国の政治家、大臣などもたくさん出ているような大学です。この清華大学とのかかわり合いは、私が総長をやっているとき、国際交流できた清華大学の若い民法学者、韓世遠助教授を法政で世話したからです。法政には外国の若手教授を一年間勉強させる制度があるそうだ、ぜひ来たいというので、世話したのです。これまでも中国や韓国の教授がそれに応募して何人か採用されて法政に来ています。中国や韓国の人は恩義に報いることに厚く、国に帰ってからよく講演に呼んでくれるのです。

二〇〇七年一一月に、日韓土地法学会のシンポジウムがあり、私は、「住宅の瑕疵（売買・請負）に対する日本法の現状と今後の課題」というテーマで講演をしました。そのときソウル大学を表敬訪問し、法科大学院の学長に会っていろいろ話をしました。非常に印象に残ったのは、韓国は、日本を参考にしてロースクールを作ったのですが、日本が失敗したところを学んで、法科大学院の数を制限し、法科大学院を作った大学は法学部をもたせないことにしました。日本はロースクールをたくさん作りすぎました。韓国のロースクールというのは、文学、哲学、経済学、経営学、社会学などいろんな分野で勉強した優秀な学生を、全国から集めてロースクール教育をやって、優れた法曹を育てていくというやり方で、日本型がいいか、韓国型がいいか。これから大変な競争になってくると思います。

次は、今後の私の生活設計です。私はこれまで、学生諸君に「よく遊び、よく学びが大切だ」といってきました。で、よく遊びます、私も。一つは、親しい仲間との交わり、これは大切ですね。私は「三人の会」で、大島さんや遠藤さんと年に数回会って、天下国家を論じています。親しい仲間と交わって、いろいろ話をし、切磋琢磨するというのが大切です。私は他にもいろいろな会に参加しています。いとこ会は、一番上が八八ぐらいで私が一番若いのです。旧制高校から大学を出ている連中です。飲み会をやって、最初は碁で、最近はマージャンもやるようになりました。私は、マージャンは並べることはできるけれども、点数を数えることはできないのです。会社に入ったいとこ連中は、マージャンはうまいのだけれども、面白いのは、私がたまにバカツキして勝つことがあるのです。ところが、一人ぼけてしまい、もう一人が減ると、これができなくなるのです。今後どうしようかなと考えています。それはともかく、マージャンは下手でも楽しいですね。

それから、テニスが好きです。最初は運動する時間はもったいないと思っていましたけれども、学部長をやった後体をこわし、健康のため六〇歳からテニスを始めました。これはいいですね。今でも週一回テニススクールに行って、一時間半汗を流しています。その時間は女性が中心で、私は女性の中に男一人でやっています。血の巡りがよくなって、非常に快適です。一週間、元気で働けます。老人でも、体をできるだけ動かすことが大切です。

研究面では、私と岡君などで作ったドイツ民法研究会や、民法改正問題の研究会などに参加しています。その他法政大学の研究会である民事法懇談会など、このようなところには今後もできるだけ顔を出そうと思っています。また、今まで忙しくて本を出す暇がなかったものですから、今まで書いたものを年に一冊ぐらいずつまとめて刊行していこうかと考えています。研究論文、判例研究、意見書、それとエッセーですね。それから、時間があれば、やはり自分史を書いてみたいなと思っています。

「後期高齢化への備え」。これも大切です。ぼけてきますからね、これから。私は、最近家のリフォームをやりました。次は、自分がぼけたときにどうするか、アルツハイマー対策ですね。ぼけないためには、やはり歩くとか遊ぶとか、それはもちろん必要です。私は成年後見人をやっていて、アルツハイマーになった人の面倒を見ているのですが、なかなか大変です。今は、介護保険制度が発達してきましたから、いい老人ホームがあちらこちらにできてきました。私は、かつて有料老人ホーム契約の研究会を主催して、その成果を本にして有斐閣から出版しています。アルツハイマーになったら、妻や子どもたちが大変です。子どもたちには、「ぼけたら老人ホームに入れてくれ。お前たちは、たまに来てくれるだけでいいから」と言っています。家の中で介護する在宅介護というのは、ホームヘルパーの派遣などいろいろな在宅介護制度はあるけれども、とても大変です。

最後に墓をどうするか。いつもいとこが集まると、墓をどうするかという、「はかない」話ばかりしています。私の墓は、まだ名前が入っていませんが、すでに津和野の田舎にあります。私が死んだ後、子どもたちが津和野まで行くのは大変です。そこで数年前に、松陰神社の霊園に墓を求めました。吉田松陰の墓のちょっと前の小さな墓地です。

人、皆それぞれですね。生きてきた世代的・社会的背景も違いますから、自分の経験を若い人に押しつけるわけにはいきません。若い人には若い人の悩みがある、人間は迷いながら生きていくものです。かつて、がんで死んだ「徳永弁護士を励ます会」を帝国ホテルでやったとき、彼が配った礼状に次の言葉が書かれていました。「六〇、七〇は鼻たれ小僧、男盛りは一〇〇から一〇〇から」、彫刻家平櫛田中の言葉です。私もこういう意気込みで、残りの人生を、できるだけみんなの世話にならないようにして、生きぬきたいと思います。

（法政大学法学部同窓会講演）

6　法政大学退職後の私（その二）
――研究と教育両面における実務と理論の架け橋の日々

（二〇〇八年）

去る七月一二日、法政大学法学部同窓会の要請を受けて、「法政大学退職後の私」を語る機会があった。同窓会の講演記録を同窓会の会報に載せるに当たって、頁数との関係もあり、全般的要約を同会報に載せ、意見書訴訟や法科大学院について語った部分は、法律専門家集団の会報である法政大学法曹会報に掲載することとされた。本稿を「法政大学退職後の私（その二）」と題した所以である。以下、同日の講演のこの部分の要旨に若干の補正を加えたものを、(1)意見書執筆訴訟のあれこれ、(2)法科大学院のあれこれ、の二項目に別けて紹介しよう。

(1)　意見書執筆訴訟のあれこれ

(a)　法政大学在職中も意見書を裁判所に提出する機会は度々あり、その一部は法学志林で発表もしているが、ここ七年間は、マスコミで大きく報道された事件について意見書を書かされる機会が増えた。意見書の執筆は、生の訴訟資料に接し、弁護士の訴訟準備活動、裁判の進行過程を刻々と知りうる点で、民法学の研究の上でも、法科大学院の教育の上でも大変参考になった。単なる判例研究や解釈学の研究では、事実審の認定した事実、あるいは研究者の想定した事実に基づいて、理論的研究をするにとどまる。これに対し、実際の訴訟実務では、前段階に、事実関係の調査、証拠の収集、争点の整理、事実認定といった重要かつ根気のいる作業の積み重ねがあり、その如何によって訴訟の結果が大きく左右されるから、この過程を知らずになす判例研究には、一定の限界がどうしてもある。事実認定の研究の必要性を深く感じさせられる次第である。もっとも、将来の裁判の予測のための判例研究という面においては、判決例・判例集を通じての、事実審の認定した事実を下にする研究でほぼ足り、法社会学的研究による事実認定の研究まで常にやる必要はないし、全ての判例研究においてそれをすることは、ほとんど不可能でもある。この点はかつて川島先生が鋭く指摘されたところである。

(b)　このことはさておき、次に、近時私の執筆した主な意見書の幾つかを以下に掲げておく。講演会では事件内容の紹介もある程度したが、紙数の関係上、本稿では省略する（活字として公表した論稿もあるのでそれを参照していただきたい）。

①「センチュリータワー対住友不動産サブリース訴訟賃料減額請求事件」（第二審、最高裁）、②「包括根保証に関する意見書」（訴訟にいたらず意見書のみで解決）、③「アルゼ対日本電動継続的契約の更新拒絶の正当事由―独禁法違反事件」（第一審、第二審）、④「青色発光ダイオード訴訟」（i. 特許出願権譲渡の有効性、ii. 特許法三五条の相当対価請求権の消滅時効の起算点）、⑤「国際友情クラブ対

日東興業詐害行為取消請求事件」、⑥「UBS対住友商事騙取金による弁済と不当利得返還請求事件」、⑦住友信託対UFJ経営統合交渉差止請求事件」、⑧「本田技研工業対P・T・コドラット合併契約・販売代理店契約終了確認仲裁事件」、⑨「三菱地所対IK・Cop・サブリース契約賃料減額請求事件、⑩「三井物産対千倉書房サブリース契約賃料減額請求事件」その他。

(c)　このうち、論文として公表したものは以下の通りである。

(i)　サブリース訴訟……センチュリータワー対住友不動産賃料減額請求事件（東京永和法律事務所依頼）他二件のサブリース訴訟（「いわゆるサブリース契約における賃料減額請求の可否」法律のひろば平成一一年九月号、「サブリース契約の法的性質と借地借家法三二条適用の可否」金融法務事情一五六三号、一五六四号、一五六五号、「サブリース訴訟最高裁判決の先例的意義と今後の理論的展望」金融・商事判例平成一六年五月一五日号、六月一日号）。

(ii)　包括根保証の有効性をめぐる事件……「包括根保証契約に関する一考察」尚美学園大学総合政策学部紀要第二号平成一三年

(iii)　青色発光ダイオード訴訟……中村修二博士対日亜化学青色発光ダイオード訴訟（東京永和法律事務所依頼）①「職務発明における相当対価請求権の消滅時効の起算点—青色発光ダイオード訴訟の一争点」（信山社・内山尚三教授追悼論集『現代民事法学の構想』平成一六年所収）、②「職務発明における特許を受ける権利の承継取得に関する一考察」（成蹊法学六二号、平成一七年）。

(iv)　日東興業詐害行為取消訴訟（兼子・岩松法律事務所依頼）……「債権者取消権をめぐる近時の動向（②日本法）」（成蹊法学六六号、平成二〇年）

(v)　ＵＢＳ対住友商事不当利得返還請求訴訟（アンダーソン・毛利法律事務所依頼）……「騙取金による弁済と不当利得」（成蹊法学六八・六九合併号、平成二〇年）

(vi)　住友信託対ＵＦＪ経営統合差止め請求訴訟（未公表）

(2)　法科大学院のあれこれ

(a)　法曹養成制度改革の必要性・法科大学院創設の目的と近時の実情

(i)　法曹養成制度の改革が法化社会の進展とその社会的要求に基づくことは言うまでもない。平成一三年六月一二日公表「司法制度改革審議会意見書」の「法曹養成制度改革の必要性について・司法制度を支える法曹の在り方について」は、次のように述べている。

「今後、国民生活の様々な場面において法曹に対する需要がますます多様化・高度化することが予想される中での二一世紀の司法を支えるための人的基盤の整備としては、プロフェッションとしての法曹（裁判官、検察官、弁護士）の質と量を大幅に拡充することが不可欠である。

まず、質的側面については、二一世紀の司法を担う法曹に必要な資質として、豊かな人間性や感受性、幅広い教養と専門的知識、柔軟な思考力、説得・交渉の能力等の基本的資質に加えて、社会や人間関係に対する洞察力、人権感覚、先端的法分野や外国法の知見、国際的視野と語学力等が一層求められるものと思われる。

他方、量的側面については、我が国の法曹人口は、先進諸国との比較において、その総数においても、また、司法試験、司法修習を経て誕生する新たな参入者数においても、極めて少なく、我が国社会の法的需要に現に十分対応できていない状況にあり、今後の法的需要の増大をも考え併せると、法曹人口の大幅な増加が急務であることは明らかである」。

(ii)　この答申を受けて、最終的には三、〇〇〇人の合格者を出すことを目標として、あれよ、あれよという間に、ロースクールができてしまった。当時私は、不明にも、まさかそう簡単にロースクールができるなどとは思ってもいなかった。設立数に規制が行われなかったため、初年度六八校、現在では七四校という多数のロースクールが設立された。

話は変わるが、昨年一一月に、私は、ソウルで開催された日韓土地法学会の国際シンポジウムに招かれ、「住宅の瑕疵（売買・請負）に対する日本法の現状と今後の課題」というテーマで報告したが、その際ソウル大学の法科大学院を表敬訪問し、学長に会って韓国のロースクールの実情を聞く機会をもった。彼は、たまたま私がフライブルグで昔大変世話になり、その後日本に度々招いて親交を深めた民訴のアーレンス教授のもとで、ドクター論文を書いたとのことで、大いに話が盛り上がったのであるが、非常に印象に残ったのは、韓国も日本にならって法科大学院を作ったが、日本が失敗したところを学んで、自分たちは法科大学院の数をかなり制限することにしたという点である。政府が中心になって、大幅な規制を加え、大都会に集中させず、地方にも充実した法科大学院を作り、しかも法科大学院を作った大学には法学部を持たせないこととした。したがって、ソウル大学にはもう法学部はないという。日本では、とくに東大は、官僚養成の重大な役割があるので、法学部を決して放さない。そこで私は、「官僚養成はどうするのか。これも重要だろう。」と質問したところ、「いや、韓国では、法科大学院のほかに政策大学院があり、官僚の養成はそこでやっている。」とのことであった。

したがって、ソウル大学のロースクールは、人文科学としての哲学・史学・文学など、あるいは社会科学としての政治学・経済学・経営学・社会学、さらには医学や理工系の自然科学などを学部段階で勉強してきた優秀な学生を、全国の大学から集めてロースクール教育をやり、優れた法曹を育てていくのだという。これはアメリカ型のやり方であり、これも一つの面白い実験といえよう。日本型がいいか、韓国型がいいか。これから大変な競争になってくることであろう。

(iii)　第一回の新司法試験が行われたのが平成一八年（この年は二年制の既習クラス卒のみ）で、第二回が昨平成一九年（この年から三年制の未習卒も受験）、今年が第三回ということになる。第一回の最終合格者は、受験者二、〇九一名中一、〇〇九名、第二回は四、六〇七名中一、八五一名。今年は六、二六一名中二、〇六五名であった。

現在私の勤務している成蹊大学の法科大学院は、平成一六年に徹底した少人数教育、企業法務に強いロースクールを目指し、入学定員五〇名（一般三〇名、社会人二〇名、昼夜開講制）で発足したが、初めて卒業生を出した平成一八年の第一回新司法試験に、受験者二五名中一一人（合格率四四％、この他に旧司法試験に二名合格）が、昨年は、受験者四二名中一六人（合格率三八・一％、全ロースクール六八校中第二四位、合格者数では第二七位）が最終合格を果たしている。本年度は受験者四五名中短答式に三八名が合格（合格率八四・四％、全国七四校中第八位）、最終合格者一七名（合格率三八％、全国七四校中一四位、合格者数では全国二九位、このうち既習合格者八名、未習合格者九名、未習合格者の合格率は全国四位）であった。

この三年間の合格者総数四四名（この他旧試験二名）中法学部以外の学部出身者は一〇名である。

(a)　法科大学院教育の現状とその教育内容――成蹊大学の現状を踏まえて――

(i)　基本方針

始めに、ロースクール教育に関する私の基本方針について述べておこう。平成一九年度の新入生歓迎会挨拶の中で、私は次のように述べた。

「法を学ぶ者、法律家を志す者がその原点において心得ておくべき事柄を、三人の著明な法学者の言葉を紹介してお話したいと思います。第一は、一九世紀のドイツの著明な法学者イェーリングの言葉です。『法の目的は平和であり、それに達する手段は闘争である』というよく知られた言葉に続いて彼はこう述べています。『世界中の全ての権利＝法は闘いとられたものである。法は、単なる思想ではなく、生き生きとした力である。だからこそ、片手に法を量るための秤を持つ正義の女神は、もう一方の手で権利＝法を貫くための剣を握っているのだ』」と。このような法を対象とする法律学は、理想追及の学であると同時に、法的闘争の方法を学ぶ実学であります。

第二に、民法学の大家、我妻栄先生は、かつて次のように説かれました。「法律学は、実現すべき理想の探求を伴わざる限り盲目であり、法と社会との現実的関係に注目しない限り空虚であり、法的構成つまり法解釈の厳密な論理構成を伴わない限り無力である」と。我妻先生のこの言葉は、そのまま、司法試験の勉強やレポート・答案作成についても指針となる言葉です。当該問題につき、あるべき法、あるべき正義を考え、現代社会の実情に目を配り、その結果を厳密な法的構成としてまとめつつ、論旨を展開してゆく。これが論文、レポートや答案作成の要諦と考えます。

第三に、一八世紀末のプロイセン最大の立法者といわれた、カール・G・スワレッツが、大学における法曹養成教育の理念について述べた言葉をご紹介します。彼は、「法真理の思索につき訓練された悟性（Verstand＝理論的思考能力）と並んで、完全且つ筋の通った理論を持った青年こそ裁判所が望む青年であり、それゆえに、大学は、裁判所に考える習慣をもっている学生を送り込まねばならない。これに対して、裁判所は、これらの学生を訓練によってさらに教育し、理論と実務とを通じて国家のために実際に有用な職業人を作り出して行くのである」と。今日のロースクール教育は、スワレツのいう大学と裁判所の両者にまたがる役割を担わされているわけですが、一八世紀末に述べられたこの言葉は、今日そのまま通用します。この言葉こそ、法曹養成教育の専門機関であるロースクール教育の理念として高く掲げられるべきものと考えます。諸君は、今日ただ今より、考えることから始め、考えることに終わる知的生活の習熟に励んでいただきたいと思います。

法律家という職業は人間の一生を賭けるに値する素晴らしい職業です。志を高く掲げ、あせらず、ゆるまず、ひたすらに己自身の道を着実に前進してください」。

(ii)　**教育方法**　ロースクール教育では、従来のような大人数の学生を対象とする体系的抽象的な講義形式ではなく、少人数教育を中心として、ケースメソッド、あるいはソクラテスメソッドを重視せよとよく言われる。ソクラテスの有名な言葉として「グノーティー、セアウトーン」つまり「汝自身を知れ」という言葉がある。ソクラテスは弟子の指導にあたって、一問一答の対話形式を通じ、徹底的に己の無知であることを知らしめたという。アメリカのロースクールでは、具体的判決例をあたえて予習させておき、この一問一答形式で学生を訓練しており、この形式を日本のロースクールでも中心的教育方式とすべきだというわけである。確かにこの方式は、法律的なものの考え方や理解力を深く養成するのに有効な手段である。しかし、周知のように不文法主義を原則とするアメリカ法と異なり、フランスやドイツの成文法主義を承継した日本法の場合には、成文の法典を一通り体系的に講義しておくことが、時間的にも全体的視野を身につけるためにも必要かつ有用と考える。そこで私は、法律学の未習者・初学者を対象とする民法の講義では法典の体系に沿って、判例・通説を一通り説明したうえ、重要な反対説・最新の重要問題には簡単に触れる講義を行い、ソクラテスメソッドは主として演習の中で取り入れる方式を原則として採用している。ただ幸いなことに成蹊は入学定員五〇名で、しかも社会人受け入れのため夜間開講もしているので、一講義多くても三〇名程度であるから、講義中に随時質問する時間的余裕があるので、私も随時質問することがあるし、この方式を中心に講義を行われている教授もいる。しかし、定数一〇〇人を超える大ロースクールでは、同一科目複数の講義時間をとるのは、教員数や講義負担の点で困難な状況にあると思われる。本年三月から早稲田大学で行われた国際シンポジュウムにおいてパリ大学のピエール・クロック教授がフロワーからの質問に答えて、講義形式や体系的理論教育の有用性・必要性に触れたのが印象的であった。アメリカ一辺倒の方式ではなく、各国、各ロースクール独自の法状況・理論状況・研究教育環境に応じた教育方式を考えるのが今後の課題といえよう。

私の成蹊における講義の実情を紹介すると、私は、昨年まで、未習者対象の財産法Ⅲ（債権総論）、非常勤となった今年度は既習者対象の特殊講義（財産法の重要問題）のほか（いずれも受講者二〇～三〇名）、演習の担当をしているが、演習（受講者平均一五名）は、未習二年向きの初級、未習三年・既習一・二年向きの中級、上級とに別けてそれぞれ担当している。基本的には私の作成した演習問題について、予習のうえ、ゼミで討論し、そのうえでレポートの提出を毎回求め、添削し、再提出を命ずることもしばしばである。昔から「読み、書き、算盤」が教育の基本といわれているが、私は、法科大学院教育の基本は「読み、書き、喋る」にあり、基本書を考えながら繰り返し読み、レポートを考えながら書き、考えながらみんなで討論する、本ゼミのみではなく、数人でのサブゼミでの討論も要求し、考えることから始め、考えることに終わる勉強を求めている。講義では、テキストとして、内田民法と我妻・有泉ダットサンを併用して勉強させ（ダットサンから初めて、ダットサンに帰れ）、講義はあらかじめ配布した講義案に基づいて行うほか、判例その他の参考資料を随時コピーして配布・説明している。法科大学院教育は、大学の講義とは格段に異なる時間と労力を要する日々である。これは、他の教員もそうである。成蹊は定員一学年五〇名の少人数教育なので、みんなでよって、たかって鍛え、教育内容や方法の打ち合わせも随時行う体制をとっている。こういったことはおそらく、他の法科大学院でも同様であろう。新聞でも報道されているように、文科省や日弁連の自己評価・点検委員会による視察や審査報告も厳しく行われていることも付け加えておこう。

　このような法科大学院教育の実情の下では、講義の準備に時間がかかり、院生からの要求も質量ともに高く多いので、教員の教育面での負担が大変である。私のようなロートルになると、ある程度の講義案や資料あるいは自分で作った演習問題の蓄積があり、他方、国内外で発信される大量の最新情報をフォロー・分析して、既存のレベルを超える創造的研究をさほどやるわけでもないから、それでよしとしても、研究面でもっとも油の乗り切っている働き盛りの教授達（しかも大学外での社会的活動をも要請される教授達）がこれらの準備をして講義やゼミを行い、さらにレポートの添削までするとなると、これは大変な負担であり、本来研究好きの学者にとって、自己の研究時間が大幅に削減されることになる苦痛は大きい。また、日本の法律学の発展や若手研究者の育成にとって、憂慮すべき事態の発生が今後予想されるところでもある。

(3)　法科大学院の抱える諸問題と改革の課題

始まったばかりの日本のロースクール教育については、多くの問題があり、この制度が日本社会に定着するためには、後一〇年は必要といえよう。そこで最後に、法科大学院の抱える諸問題と今後の改革の課題について簡単に述べておこう。

(i)　なんといっても、ロースクールの発足は、教員、補佐体制、施設その他の面で準備不足であった。法曹養成経験があまりなく、研究に主たる重点をおき、研究の成果を講義するという教育をやってきた者に、実務家教員の協力があるとはいえ、突然実務的な教育まで大学教授にやれといわれても、これはなかなか難しい。このほか、大量の参考資料の配布を求められる法科大学院では、これらの資料の収集や作成を教授が個人で行うのは負担が大きい。助手や事務スタッフの協力が必要なのに、この点が欠けていた従来の体制そのままでは、うまくゆくはずがない。法政でも成蹊でも、かなりの事務職員を増やして、そのような負担をできるだけ軽くしているけれども、それでもまだ不十分である。

(ii)　つぎに、司法試験合格者三、〇〇〇人時代の合格者の就職先をどうするかの問題がある。合格者数の見直しの議論もすでに始まっている。「いそ弁」就職が難しく、「軒弁」、「宅弁」という言葉の飛び交う今日である。この事情と合格率平均三〇％台の試験結果、合格者〇名のロースクールの出現、金融恐慌の余波をも受け、高額な学費負担を必要とする法科大学院への受験生の減少、入学者数の定員割れで、法科大学院の再編成、統合問題が報道される今日でもある。

(iii)　新司法試験受験の三回制限も問題である。旧司法試験時代の大量浪人への配慮も理解できるところではあるが、三回という回数制限の合理性は再検討の必要があろう。このように試験を厳しくすると、受験の受け控え、予備校頼りの風潮の復活がまた現れてくるし、現にそれが始まってもいる。ロースクール発足の理念に反し、予備校教育の弊害がまた出てこよう。

(iv)　学部と法科大学院との関係につき、韓国と日本の方式との是非問題については、前述したところであるが、今後に予想される問題として次のような問題がある。まず、法科大学院を作ったときには、われわれのような七〇歳過ぎのロートルも引っ張り出して、何とか人数合わせをしたけれど、ロートル世代の引退時期が始まるので、法科大学院の教授資格を持っている教授が少なくなってきて、学部教授の吸い上げが始まる。そうすると、学部教育がどうなるか。他方、潰れるロースクールも現れて、ロースクール教授が失業する時代がやってこよう。学部に帰ろうと思っても、定員枠がなく、引き受け手がないという状況も出てくるかもしれない。さらに問題は、大学教員・研究者の後継者養成問題である。東大は研究大学院を止めて、ロースクールの院生の中から研究者を養成する方針と聞く。英語のみによる研究者養成が可能なアメリカはともかく、研究者養成上、比較法学の比重の高い日本では、英語のほか、ドイツ語（法）やフランス語（法）の習得や研究も重要である。ロースクールを出てから、第二、第三外国語や比較法さらには法哲学・法史学・法社会学などの基礎法学をやったのでは遅くはないか。法学部外からロースクールに入った院生で学部時代にこれらの語学や基礎科学を習得した者はともかく、そうでない院生からの研究者養成の上で、問題は生じないか。そうなると、韓国型ロースクール方式への転換も将来問題となるということも考えられよう。

この問題を取り上げたのが、先に紹介した本年三月に早稲田大学で開催された国際シンポジュウム「法理論教育と研究者養成」であり、そこでは各国の比較研究が広く深く行われ、大変参考となった。早稲田は当面法科大学院と研究大学院の二本立て構成でゆく方針という。東大、早稲田両大学院の今後の進展が注目されるところであり、法政大学院の将来像をどう描くか、現役諸君の健闘を祈って本稿の筆をおく。

（法政大学法曹会報）

Ⅱ　法学教育と法曹の育成

1　法政大学の法学教育と法曹育成教育

（一九六九年）

大学は変わった。そして学生もまた、旧制高校段階での比較的条件のめぐまれた教育環境の中における、小集団教育を通して自我の確立期をすごしてきた者が入学した旧制大学は、いわば基礎教養的知的訓練の終わった均質的な大人からなるコミュニティであり、またそれは、真理の探求、「学ノ蘊奥ヲ極メル」という共同目的で結合された同質的なコミュニティでもあった。これに対して現代の大学は、長い孤独な受験勉強、○×式教育から解放されたばかりの、したがってまた、人生に対する基本的な疑問と十分に対決するいとまをもちえなかった、しかし肉体的社会的には大人である学生からなるコミュニティであり、しかもそれは、昭和元録と呼ばれるほどの平和な現代における、各種情報産業の驚異的発達、高等教育の大衆化を背景に、知識、能力、趣味、教養、目的などの点で、まったく異なる雑多な個人と利益集団をかかえこむ集合体である。さらにまた、現代の大学生は、自我の確立と専門知識の習得をわずか四年間（就職の青田刈り現象で実質的には三年ないし三年半）に集中的にすることを余儀なくされており、しかも、多くの大学においてそうであるように、戦後の急増新設、あるいはマスプロ化のためのひどい教育環境の中でそれをなさねばならぬのであるから、全く多忙かつ不安定な状況におかれているものといえよう。

このような社会的状況・教育環境のもとにおける、このような学生を相手とする大学教育は、そしてまた法学教育は、いったいどうあるべきであり、どこをどう改善すべきであるのか。そして、法学部が法学部である以上、当然になうべき法曹育成教育は右の脈絡との関係においてどのように位置づけるべきか。この問いは、早くから問われつづけ、今日なおよりいっそう強く問われている難問である。たとえばそれは、法学セミナーの「せみなあ法職課程」でこれまで紹介されてきた各大学の状況に如実に示されているとおりである。筆者もまた、すでにいくつかの機会に法政大学の現状と対策につき紹介し、つたない提言も試みてきた（たとえば、ジュリスト三六八号「法政大学法学部・現行カリキュラムの検討過程と将来への展望」（本書六八頁）、同座談会「法学教育のあり方とその改善」、同四一一号大学危機をめぐる若干の体験的感想と提言―危機克服の基本的方途と紛争解決の当面の方途」）。ただ、そこでは、法曹育成教育について触れることは少なかった。たまたま、二年間の学生委員の激職から解放された昨春以来、わが大学における法曹育成教育の中核たるべき「司法講座」の責任者たる地位をひきうけ、一年間この問題と取り組み模索してきたので、現時点におけるわが大学の実状の紹介かたがた、この問題に対する私見の若干を、与えられたこの機会に、中間的にではあるがまとめてみることとした。

(1)　法曹育成教育の基本的視覚

本稿をまとめるにあたり、これまでの各大学の「せみなあ法職過程」(法学セミナー)をひとわたり読んで感じたことがひとつある。多くの執筆者に共通することとして、新制大学の法学教育の理念を「リーガル・マインドの養成」に求め、社会科学としての法学ないし法学教育に力点をおくこと、そしてそれとの関係において、法学教育全体を単なる「司法試験対策」に終わらせてはならぬこと、さらにまた、実際にも特別の司法試験用講義をしていないことの強調、これである。

しかし、他方において、これら各大学とも、実際には、なんらかの形で司法試験対策が講じられているのが実状である。この傾向は戦後のわが国法律学の歩みとの関連で、共通の了解事項的なものとなっているようであり、それはそれとして一定の歴史的意義と正当性をもつものではあるが、ここに一つの問題がひそんでいるように私には思われる。つまり、司法試験対策教育の弊をおそれるのあまり、かえって「うすめられた法学教育」の弊におちいる危険性があるのではないか。とくにマスプロ教育による学生の質あるいは教育内容の相対的低下との関係で、右の論理が「うすめられた法学教育」正当化の論理として機能し、あるいは教員の研究ないしは社会活動没頭のための時間稼ぎの口実として機能しているのではないか、の危惧である。

現代法治国家のもとにおける民主的法曹の果たすべき役割と機能の重大さは改めて説くまでもない。リーガル・マインドの養成といい、社会科学的法学の教育というも、それはこのような法曹育成教育と矛盾するものではなく、むしろ後者は前者の頂点の一つにあたるものといえよう。とすれば、単なる司法試験対策ではない法曹育成教育を、法学教育一般の中核にすえ、あるいはそれに正当な位置づけを積極的に与える必要が、現時点においては、大いにあるのではなかろうか。それを正規の時間に行なうか、課外の時間に行なうかは二次的な問題である。継子的な位置づけに追いやり、適切な指導者を欠くことによって生ずる歪められた法曹育成教育の弊をむしろわれわれは恐れるべきではあるまいか。ただ、このことは、法曹育成教育のエリート教育化を主張するものではないことも一言断わっておきたいことである。では、両者の関連を具体的にはどうするか。私にも未だ成案はない。われわれの模索の状況を紹介し、一、二の感想を述べることで問題の提起としたい。

(2) 法学教育の現状と問題点

法政大学における法学教育一般の改善の経過と問題点については、後の諸論稿で詳しく紹介しているのでそれに譲り、以下にその骨子のみを要約しておく。

一　法学教育改善問題を考える場合の基本的視覚として、私は三つの重要なポイントがあると考える。かつて我妻教授が私法の方法論に関する一考察において、結語として述べられた有名な句にならっていうとこうである。

法学教育は、㈠　実現すべき理念の探求を伴わざる限り、盲目であり、㈡　技術的練磨を伴わざる限り、無力であり、㈢　社会の要望との関係を考慮しない限り、空虚である、と。つまり、法学教育の改善やカリキュラムの検討にあたってまず第一の問題は、法学教育の理念をどこに求めるかであり、それは、さらに新制大学の教育理念との関連性において、また、とくに私立大学においては、そのレーゾン・デートルである建学の精神との関連性において探求されなければならないと考える。

第二に、法律学はすぐれて技術的な学問であるが故に、法学教育の理念論だけでは、問題は解決しない。大学法学部における法学教育である以上、旧制大学・新制大学、あるいは、国立大学・私立大学の有無を問わず、共通に要求される最低限度の基本的枠組はあるはずであり、その枠の中で、基本的技術をしっかり練磨させる工夫が必要である。これをはずした法学教育は、法学部における法学教育とはいえないであろう。では、その枠組とはどのようなものであるか、これが第二の視覚である。

第三に、大学もまた一つの歴史的社会的存在である以上、現代社会の大学に対する要求と法学教育は無縁ではありえない。日本の社会が法学部卒業生になにを要求し、法学部卒業生は実際社会においてどのように活動しているか、さらに、大学の門戸をくぐった法学部の学生あるいはその父兄が法学部の教育になにを期待しているか、そしてわれわれはそれにどう応ずるか、これが第三の視覚である。

二　まず、法政法学部における法学教育の理念とはなにか。それは、大学発展の歴史がこれを物語る。

明治一三年四月、東京法学社が金丸鉄、伊籐修、薩埵正邦の三人によって創立されたが、これが今日の法政大学の誕生の姿であった。伊籐は明治一〇年以来の代言人（弁護士）であり、金丸も後に代言人となったが、すでに明治一〇年に日本最初の法律専門誌「法律雑誌」（時習社発行）を社主兼編集長として創刊した人物であり、薩埵は当時の先駆的な学識豊富な法律ジャーナリストとして著名な人物であった。このように大学の礎が明治の法体制整備の草創期に法学の啓蒙と法技術の普及とをめぐって極めて大きな貢献をした先覚者達や、在野法曹である代言人の手によってきずかれたことは、法政法学部の今日の姿を暗示してきわめて意味深い。

「翌明治一四年五月、東京法学社の講法局が独立して東京法学校となり、ここに学校としての体制がととのい、薩埵が主幹となり、ボアソナードが教頭となった。そして、フランス近代思想に立脚した法律専門の私学として、自由で批判的な在野精神と社会に有用な実践主義とをモットーとする法律教育が本格的にはじまった。当時、明治の近代国家草創のときにあって、近代的法制化の進行とともに、法律知識を修めることは広く人民の権利を守る唯一の武器であり、封建的な隷従から自己を解放する唯一の手段であったことを思うとき、このモットーのもつ先覚者的意味を重く評価せねばならない」（法政大学八十年史、総長有沢広巳序文より）。

その後、東京法学校は東京仏学校と合併して和仏法律学校（初代校長梅謙次郎、二代富井政章）となり、明治三六年には和仏法律学校法政大学となった。さらに、大正九年の新大学令により総合大学として面目を一新し、昭和二四年には、新制大学へと転換した。この間いろいろの曲折もあり、時に浮沈もあったが、右の建学の精神は失われることなく、わが法政大学の学風として貫かれており、また、縁あってわが大学につどい来った教授たちも、そういう精神の持主がおのずと集まった観がある。

三代前の総長大内兵衛は、この建学の精神に次のような表現を与えた。

〈われらの願い〉

一　願わくはわが国の独立を負担するに足る自信ある独立自由な人格を作りたい

二　願わくは学問を通じて世界のヒューマニティの昂揚に役立つ精神を振作したい

三　願わくは空理を語らず日本人の社会生活の向上発展のためにたとえ一石一木でも必ず加えるような人物を作りたい

これはそのまま今日の法政法学部の法学教育の理念でもある。われわれは、市民の権利を守る為に、また市民の権利を獲得する為に、常に市民の為に、市民と共に歩むような法曹、日本の社会発展に一石一木でも加えるような有用な人材を育てたいと願っている。

日本には一人のマルクスなく、レーニンなく、毛沢東もない。また、ケネディなく、ネールなく、ラッセルもない。しかし、にも拘らず、日本が戦後世界の中においてここまでの発展をとげえたのは、国民の中間層に厚く、広く教育がゆきとどいていたからではなかったか。戦後の民主主義的学制の普及徹底（とくに単線型学校制度の確立）と経済的要因の好転は、大学の門戸を広く国民一般に解放することを可能にし、昭和四一年度の大学在学生の数は、四年制大学に九〇万人、短大に一五万人、大学院に三万人だという。日本の総人口をざっと一億とすると、一〇〇人のうち一人以上の大学生がいることになる。また、同一年齢層の大学進学率は、一九・二％であるともいう（毎日新聞「教育の森」六一五回）。しかし、これほどの教育の普及にも拘らず、汚職議員の再選に典型的にみられるごとく、近代法の精神は、わが国の市民の中にはまだ浸透していない。

国家に大学政策なく、国立大学が国民の増大する高等教育志願に応じえていない現状の下では、自覚した私学の果たすべき役割と責任は甚だ重い。現に日本の大学生の一〇人のうち七人までが私学の学生だということはよく知られた事実である。われわれは、一方においてマスプロ化に伴うさまざまな弊害に悩まされつつも、他方において、国民一般へ広く大学の門戸を解放し、真に近代法の精神を体得した、自由にして独立な人格を備えた人材を日本の社会におくりこむことの意義に慰めを求め、マスプロ化の弊害の克服に、日々力を注いでいるものである。

三　ところで、新制大学への転換、経営危機さらには社会の要望の結果である大学教育のマスプロ化、大衆化現象を眼前にして、わが法学部も、他大学同様これまで数年にわたり、カリキュラムの検討、教育体制整備の努力をつづけてきたが、その努力を要約してみると次のとおりである。まず、カリキュラムについては、(イ)民商法などの基礎課目について十分時間をかけて履修させ練磨する体制をとったこと、(ロ)労働法につき二部制をとり、法社会学、社会主義国家法などの講義を設けてこれらに力をいれていること、さらに社会科学系教授陣の充実との関連で、政治、経済、社会学等の隣接諸科学の選択科目がかなり充実し豊富であること、(ハ)経済法、租税法などの法の新分野についても講義科目を新設してきたこと、(ニ)対話の可能な外国書購読を必修にし（三年次に配当、一クラス八〇人程度）、マスプロ対策の一助としていることなど、である。

一、二の大学でとられているコース制（法職コース、会社就職コースなどに法律学科内部を分けて教育する方法）についてもわれわれは数年前に検討したが、その採用を積極的に否定した（その経緯は後掲論稿参照）。そして一時一学年一、〇〇〇人を超えた学生数の逐年的削減による学部適正規模の実現（現在は約八五〇人、これをほぼ法律学科六〇〇人、政治学科二五〇人程度の目安で分けている。これは、講義適正規模〔大集団教育〕の問題と連なる）、ゼミナール（三〇人までの小集団教育）の充実に力を注いだ。その結果、学生の希望を参考にしつつ、三〇を超えるゼミが開設され、三、四年の二年間連続して一ゼミに所属するのが通常となり、現在学生全体の半数以上がゼミに所属している。将来は必修制への希望もあるが、教員数や負担の増大問題をかかえてその実現はまだ遠い。なお、実務家ゼミの新設も成果の一であった。

四　残された大問題は、教養教育と専門教育との関連である。私は、いわゆるクサビ型科目配当による両者の一体化、新制大学教育全体の高度の教養教育化が今後の学部教育の基本的方向であると考え、すでにそのことも指摘してきたが、わが法政では、教養部が学部と独立した横割り体制となっているためもあり、両教育の有機的関連づけが必ずしもうまくいっていないのが実状である（学課制度委員会で改善案を検討中）。現在、一年に憲法、二年に国際法一部、刑法一部、民法一・二部を下ろして、専門教育に対する学生の要望に応えているが、私案としては、二年にユーヴング方式のプレゼミあるいは外国書講読を開設したいものと希望している（六〇人程度の中集団教育の充実）。

(3)　法曹育成教育の現状と問題点

戦前の法政は、一時期、司法試験について高率の合格者を出していた。この当時、学生の研究団体として知新会があり、これが中核となっていた。しかし、戦後は、受験者も少なく、したがって合格者も少ない時期がしばらく続いた。また、新制大学発足から当分の間は、当時の学界の風潮を反映し、法政法学部でもどちらかというと実用法学が軽視され、社会科学一般や法社会学などを重視する時代がつづき、学部として、とくに司法試験対策に取り組むということもなかった。しかし、その後社会の安定とともに学生生活も安定し、じっくり司法試験と取り組もうという学生がふえ、学生の間にいくつかの研究団体ができてきた。他方、教授会側にも、実用法学の再認識、法政的教育理念での法曹育成の必要性の自覚が高まり、この問題への取り組みがはじまった。かくて昭和二九年、法学部の課外講座として司法講座が設置され、研究用の部屋の貸与、財政的援助、答案練習会、特別ゼミナールの開講などがなされて今日に至っている。教授会側から数人の委員をおくり、これと司法修習生を中心とする指導講師とで、講座の運営を行うが、研究室での研究活動については学生の自主的運営にまかせ、受験の実際指導は、主として修習生の講師陣によっていたのが実状である。ただ、学生の自主的運営と、教育者としては未成熟の修習生に任せ切りにすると、ややもすると合格第一主義となり、一年生あたりから試験科目の勉強にガチガチ取り組む弊がないではなく、せっかく学部の法学教育に力をいれていても、より影響力の強いサークル活動の歪みがこれを無にする傾向がないではない。

そこで、昨春から、われわれは次のような運営方針を試みた。

(1)　司法講座研究室（三〇名程度収容可能）には、短答式合格者およびそれと同程度の実力を有する学生から希望者をつのり、三年次生以上、卒業後二、三年までの者を入室させる（入室時期は九月）。そして、自主的に勉強させるかたわら、三人の修習生に特別ゼミを担当してもらって受験指導にあてる。

(2)　一、二次年生については、三〇人程度の週一回の特別ゼミ（一〇月開講六月に終る）をそれぞれ二つずつ設け、主として教員が指導にあたり、修習生がリポートの添削指導などでこれを補佐する。

(3)　毎週一回の答案練習会。対象は三年次生以上の室員ならびに一般の学生からの希望者。出題、講評は教員と修習生とで分担し、答案の添削指導は修習生があたる。

右のうち、(2)の点についてもう少し補足しておこう。一年次生のゼミについては、今年度は、私と霜島助教授とが担当した。霜島ゼミは、「現代日本の法曹の実態と役割」をテーマとして、周到に準備された教材を使ったゼミが展開され、職業的法曹人をめざす学生に、まずその実態と役割りを十分認識させ、将来のあるべき法曹家像を模索させるところから法曹育成教育をはじめるという、非常に意欲的な実験を展開している。二年次生のゼミについては、今年度は人数その他の関係で一ゼミのみを開講し、修習生の指導講師に民法のプレゼミを担当してもらっているが、同時に、岩波新書の『日本の裁判制度』などの読書会をもち、法曹制度に対する問題意識の培養にもつとめている。この一、二年次生の司法講座ゼミは、教養部教育と学部教育の有機的関連づけを側面から果たすというねらいと機能とをもつものであるが、さらにいえば、法曹希望者のみを集めた課外ゼミであることが、思い切った実験教育を可能にしているという側面も見落すべきではあるまい。

いずれにせよ、われわれの法曹育成教育への取り組みは、はじまったばかりで、未だ確たる展望はもてない。法学教育と法曹育成教育の理論的・制度的関連づけ、われわれの教育理念に合致した法政法曹の育成、われわれをとりまく悪環境のもと、問題は山積し、いうは易くして行うは難い。司法試験合格者の多きがゆえに法曹育成教育の成果ありとはいえぬ。しかし、合格者なくして法曹育成教育は語れない。現在の約一〇名程度の合格者数を確保し、さらにこれを増加させるとともに、質的向上も大いに図りたい。そしてそのためには、法学教育、大学教育一般の充実、向上が基礎であることはいうまでもない。

（法学セミナー一五九号六五頁）

2　法政大学法学部／現行カリキュラムの検討過程と展望

（一九六七年）

　これまで多くの大学論の論者が指摘してきたように、いろいろな意味で今日の大学は質的変貌をとげている。大学の社会的地位の相対的低下、研究と教育の分離化現象、学生気質の変化、大学の大衆教育機関化現象等々。戦前の古き良き大学理念をもってするかぎり、それはもはや大学の名を冠するに値しないものとなってしまったともいえよう。しかし、このことを嘆こうと嘆くまいと、大学の変貌は事実であり、われわれの眼前には大学はその変貌した姿で横たわっている。単に現在を非難するためだけであれば、過去の理念をあてはめてそれとの差異を指摘すればことたりる。

　だが、明日に生き、明日を作らねばならぬわれわれの世代の出発点は現在であり、今日の大学がおかれている状況そのものを事実として眺め、その上にたって今後の対策をたてるのでなければならないまい。過去をふりかえることに意義があるとすれば、それは大学が歩んできた過程を後づけることにより、未来への発展の手がかりを求めるという点にのみある。これが、われわれの法学教育改善に対する基本的姿勢である。

(1) 専門課程カリキュラムの現状と特色

法政法学部の専門課程カリキュラムの現状を図表化して説明すると別表のとおりである。

法学部の教育理念を実際のカリキュラム編成の中に反映させることは、その目的は第一義的には、教授の講義内容によって達成されるべきものであるし、他方では学生の科目選択の仕方によっても達成されるものである。たとえば、選択科目とはいえ、法史学（石母田教授担当）や労働法二部は、ほぼ全員が履習しており、社会政策、経済原論、新聞学などは六、七割が、また、社会主義国家法、法社会学、政治経済関係の諸科目の履習度もかなり高いのが実状である。

(i) カリキュラム改善前史

昭和二四年の新制大学発足から当分の間は、当時の学界の風潮を反映し、法政法学部でも、どちらかというと実用法学が軽視され、社会科学一般や法社会学を重視する時代がつづき、学部としては司法試験対策などもあまり考えなかった。

しかし、その後社会の安定と就職難、他方で、実用法学の再認識、法政的教育理念での法曹育成の必要性の自覚等がからみあって、なんらかの対策を講じようということになった。当時、法曹界の先輩のバックもあって知新会は復活していた。これは学生有志を中心とした組織であって、大学としては財政的援助をし、学部としては指導教員をおくるという程度の関係であった。ところが、その後、学生の中にいくつかの司法試験をめざす任意グループができてきたので、これらを統合整理し、もう少し学部との関係を強めようということになり、昭和二九年に、司法試験受験講座を学部として課外

別表

〈法律学科〉

科目名	配当年次	必須選択別
憲法	1	必
行政法(1)	3・4	選
(2)	〃	〃
租税法	〃	〃
経済法	〃	〃
労働法(1)	〃	必
(2)	〃	選
国際法(1)	2	必
(2)	3・4	選
私法原論	欠講	
民法(1)	2	必
(2)	〃	〃
(3)	3・4	〃
(4)	〃	〃
(5)	〃	選
商法(1)	〃	必
(2)	〃	〃
(3)	〃	選
(4)	〃	〃
国際私法	〃	〃
民訴(1)	〃	刑訴と選・必
(2)	〃	選
破産法	〃	〃
刑法(1)	2	必
(2)	3・4	〃
刑訴	〃	民訴(1)と選・必
刑事政策	〃	選
法哲学	〃	〃
法史学	〃	〃
法社会学	〃	〃
英法	〃	〃
独法	〃	〃
仏法	〃	〃
社会主義国家法	〃	〃
外国書講読	〃	必
演習	〃	選

〈政治学科〉

科目名	配当年次	必須選択別
政治学原論	3・4	必
政治過程論	〃	選
政治思想史	〃	必
政治史(1)	〃	選
(2)	欠講	
日本政治史	3・4	必
国際政治学	〃	〃
国際政治史	〃	選
比較政治論	〃	必
行政学	〃	〃
行政管理論	欠講	
憲法	1	必
行政法(1)	3・4	選
(2)	〃	〃
労働法(1)	〃	〃
国際法(1)	2	必
(2)	3・4	選
民法(1)	2	必
(2)	3・4	〃
商法	〃	選
刑法(1)	〃	〃
経済原論	2	必
社会経済史	〃	〃
財政学	3・4	選
経済政策	〃	〃
社会政策	〃	〃
日本産業論	〃	〃
社会学原論	欠講	
社会思想史	3・4	選
社会心理学	欠講	
新聞学	3・4	選
労働問題概論	欠講	
外国書講読	3・4	必
演習	〃	選

註 (1) 卒業所要単位は、必修科目一三科目三九単位以上、選択科目一〇科目三〇単位以上計二三科目六九単位以上である。

(2) 単位数の計算は法政の場合、一週一回九〇分一ヵ年の授業で三単位としている。

(3) 専門課程の学生は、一年間に六科目（一八単位）以上を履習しなければならない。但し、一三科目（三九単位）を超えて履習することは許さない。二年間に平均して勉強させるためである。

(4) 三年修了までに、一般教育科目の全部と専門科目八科目の履習を終わっていない者は四年への進級を許さない。但し、一般教育科目、専門科目を通じて二科目までは、新学期に再試験をすることにより進級のチャンスを与える。留級者は、一般教育科目の他に、未修了専門科目の二分の一までは受講することができる。

(5) 法律学科の学生は、卒業所要選択科目一〇科目三〇単位中四科目一二単位までは政治学科の選択科目の中から選択履習することができ、政治学科の学生は、五科目一五単位までは法律学科の選択科目の中から選択履習しうる。

講座として設けることにした。もっとも、特別の受験用講義を集中的に行なったわけではなく、部屋と机を与え、若干の財政的援助をし、指導教員を決めて、アドバイスを適時する、といった程度のものであったらしい。

この講座は今日でも続いているが、学生の自主的運営を尊重し、最近試験に合格した先輩を指導講師にして、もっぱらその人達に中心になってもらって運営をしているのが実状である。なお、昭和二九年には、右とならんで、課目編成をあらため、三年までに基礎科目を履習し終わるようにし、教養過程の二年生までに憲法、民法一部、刑法などを組みこんだ。

(ii)　最近の改善経過

私学の急激なマスプロ化は、昭和三五、六年頃からはじまるが、その一、二年後からマスプロ化の弊害がいろんな面にあらわれるようになり、その対策と取りくまざるをえなくなった。そこで、教授会は、学課目編成委員会という名称の小委員会を作り、対策作りにのり出したわけであるが、この小委員会は当初は五、六名で発足し、現在は四〇代の中堅以下の教授、助教授全てがこれに属している。この委員会では、最初、コース制の問題をとりあげて検討し、その採用を見送ってからは、それに代わる対策として、ゼミ制度の改善とか、いくつかの講義を新設するとか、学科目の配当の仕方を変えるとかの仕事をしたが、その点については、座談会の中でかなり詳しく報告したので、ここでは省略する。

この委員会の今後の仕事としては、一般教養教育との関係、ゼミ制度の一層の充実、カリキュラム編成の検討をさらに続けること、教育内容・方法の検討など、まだまだ多くの解決すべき問題をかかえているが、試行錯誤的に問題をなしくずしにかたずけてゆくつもりである。最終的目標としては、大学院制度の充実、法律専門職の養成、研究者養成の問題があるが、これまでのところは、まずもって、学部教育の充実をどうするかに全力をあげてきたわけである。

(2) 将来への展望

(i) はじめに

東大法学部年限延長案が発表されたことにより、我が国の法学教育改善への努力は、新段階に突入した。従来いわゆる評論家による大学論議が、とかく実体を踏まえない、感情論的・観念論的大学論議に堕する傾向があったのに対し、いわば現場での実践的教育体験に基づく、しかも綿密な科学的調査を基礎にする改革案が発表されたことの意義はすこぶる大きく、その使命感、その成果に対して最大限の敬意を表したい。そして、その改革案に対して、東大独善主義といった非建設的な批判をする人のあることを私は悲しむ。

この小稿の最後の章において、私は、日本の法学教育改善論議を建設的に発展させることの一石となることを念じつつ、この改革案に対する若干の感想をのべ、一私学の立場においてなら、ここで問題とされた諸点にどう対決するかにつきいくつかの具体策を提示し、大方のお教えをあおぎたい。

元来、教育には金とひまがかかるものであるし、金とひまをかければかけるほど教育効果が上がるであろうことは原則として疑いがない。しかし、金とひまには限界がある。限られた金とひまを使って最大の効果をあげるにはどうしたらよいかを考えざるをえないのが実際である。そして、この金とひまは教育をうける側と教育をする側の両方で問題となる。

第一に、およそ改革案というものは、改革主体、改革の場所に密着したものであればあるだけ、より現実的であることはたしかであり、全体の改革は、全体を構成する個々のメンバーが各自の場において努力し、その改革を進めることにより自ずからなるのが好ましいことも事実である。ただ、使う財源が一であり、それに一定の限界があるとき、また、ある改革が、その改革者の意図するとしないとに拘らず一定の社会的な作用を生ずるものであるときには、常に全体の問題状況をも踏まえて改革のプログラムを進めてゆかなければ改革は現実的にならないであろう。

(ii)　教える側の問題点

ところで、今日の時点における、日本全体の大学教育の実状、法学教育の実状はどうであろうか。私は問題を三つの規準と四つの類型から考察する必要があると考える。第一の規準は研究・教育体制の整備の度合であり、第二の規準はマスプロ教育の度合、第三の規準は財政の問題である。そして、第一の類型は旧帝大系の大学であり、第二は大私学、第三は地方大学と中程度の私学、第四は新設私学である。この規準、この類型の如何により、かかえている問題が必ずしも一様ではない。端的にいえば、新制大学の教育理念との関係をしばらくおき、年限延長をするとしてそれを最も効果的になしうるのは、第一類型の大学のみであろう。座談会の発言の中でものべたように、私学においては、四年制の充実そのものが今日の最大課題であり、年限延長には、教育する方もされる方もそれに耐える客観的条件がないのではないかと思われる。また地方大学等では、仮に延長したとしても教授陣の問題から、現状のカリキュラムのままで年限延長ということにならざるをえないのではなかろうか。そうだとすると、その前に、まだまだやるべきことがあるのではなかろうか。また、マスプロ教育の弊害はそこにはなく、十分手をつくした教育ができるので、年限延長への希望はそれほど大きくないのではなかろうか。この点、その方々の御意見をお聞きしたいものである。

次に、座談会でも指摘したように新制大学の教育理念からみて、とくに法学部についてのみ年限延長の必要性があるか、という問題はやはり残るように思われる。さらに又、全ての卒業生が法律職専門家となることを望んでいるわけでなく、また社会もこれを期待していない場合に、全部につき一律に年限延長をすることは――東大では、法律職を希望する者はもちろんであり、希望しない者こそがまさにねらいだとされるが――やはり若干問題があろう。もっとも、学生が希望すれば話はまた別である。しかし、月謝が安く、育英制度・寮施設等の比較的完備している国立大学はいざしらず、月謝が高く、物価騰貴に伴う生活費の増大に脅かされている私学の学生が果たして延長を希望するかは問題であり、年限延長は、それだけ私学の門戸を一般市民から遠ざける効果をもたらすことになる点で、少なくとも私学の立場では、この問題には悲観的な結論しかでそうにない。ここまでくれば問題はもはや一大学の手で解決しうるものではない。根本は日本の大学政策をどうするかにある。国民の増大する高等教育への希望をどうけとめるか、国家全体として、大学生（あるいは法曹）を質的量的にどの程度育てるか、そのための物的人的施設をどう整えるか、日本の社会の発展の為に、国民の税金を大学教育にどれだけふりむけるのが結局妥当であるのか、四年制を充実させるのが先決か、それとも、一部であっても、あえて五年制を採用し、法学教育を充実するのが日本の社会発展により役立ち国際社会の中で日本が占める地位を維持・向上さすためにも重要であると判断するのか、といった政策論になってくる。従ってそのどの道をえらび、どの主張をとるかは、結局各大学のおかれている事情や立場で異なってこざるをえないであろう。しかし、すぐその根本論に入る前に、われわれとしてはもう少し綿密な資料に基づき、相互に情報を交換し、具体的に、きめこまかな討議を展開して問題を深めてゆきたいものと考える。

(iii)　教えられる側の問題点

そこで問題を元に戻し、教育される学生の側の問題をもう少しほり下げて考えてみたい。われわれ法政大学の若手教員で組織している、研究・教育体制懇話会が、教育条件改善のための基礎資料をえるために行なった、学生に対するアンケート調査の一部を紹介しよう（その調査は「法政大学教育条件白書(上)」として四一年一〇月公表した）。

(1)　まず、学部入学の動機を質問したところ、「その専門課程を勉強したいから」というのが第一位で四九・七％、「将来の就職に有利だから」が二八・三％、「その学部の評判がいいから」が八・八％、「他学部を希望したが試験の結果やむをえず」が八・三％、「とくに理由なし」というのが一〇・七％ある。これは全学部にわたる数字であるが、法学部の数字もこれと大差ない。約半数の学生がとくに法律を勉強しようと思って入学してきたわけではないという事実が目立つが、ラートブルフもいったように、昔から法学部に入る学生には、ただなんとなく入ってくる学生が多かったから、この数字はあえて問題とするに足るまい。

(2)　つぎに、「あなたは大学を将来の自分の仕事や生活にどのように関係づけていきますか」と質問したところ、その答はこうである。(a)「目ざす仕事をするには必ずしも大学卒業の資格はなくてもいいが、大学で専門的な学識を身につけておくのは必要だ」三九・二％、(b)「どんな職につくにしても大学卒業の資格があった方が好都合だ」一九・八％、(c)「卒業後の仕事や生活のことより、勉強をしながら大学生活を楽しむことに意義がある」一八・八％、(d)「目ざす特定の職につくためには、大学卒業の資格が不可決だ」九・五％、(e)「専門的な学問、研究がしたい」八・四％などである。これは全学的数字であり、学部別、学年別、男女別では、それぞれの事情を反映した特色があらわれていて面白いが、数字の紹介は省略する。法学部だけの調査でなかったので、法曹を志す者の人数は必ずしも明確ではないが、(d)にあらわれた数字がほぼこれを物語るであろう。それはともかく、われわれが現に教育の対象として日々接している学生は、このような数字にあらわれた意識をもった学生なのである。そして、この数字は現在の学生気質をかなりすなおに反映しているのではなかろうか。

(3)　次に一般教養・専門の各々について講義科目の種類（ふやす、現状で可、へらす）、講義程度（高度にする、現状で可、やさしくする）について質問したところ、回答は左表のとおりである。大体において現状肯定派が多いが、一般教養について、語学と社会科学系科目に種類をふやし、内容を高度にせよという要求が、また、専門科目について選択科目の種類をふやせという要求の強いのが目立つ。

なお、専門科目の履修方法について質問したところ、一、二年次でもっと履修できるようにという要求が六八・六％の多数にのぼり、現状で可というもの二六・七％、一、二年次ではもっと減らせというものは僅かに四・八％である。これらの数字は何を意味するか。一般教養教育に学生をひきつける魅力がないのか。あるいは、学生が実利主義で、専門の勉強を少しでも早くと望むのか。おそらくはその両方であろう。

		科目の種類			講義の程度		
		増	現可	減	高く	現可	低く
一般教養	語学	26.8	62.5	10.7	47.3	48.5	4.2
	人文	18.8	71.4	9.8	32.1	59.8	3.2
	社会	32.3	61.8	5.9	40.9	57.5	1.6
	自然	12.8	70.2	17.1	27.6	63.0	9.4
	体育	22.7	64.0	13.4	12.9	84.1	3.0
専門	必須	19.8	72.2	8.1	31.1	65.6	3.3
	選択	49.2	46.3	4.5			

（単位は％）

(4)　最後に、このようにして大学で学び、社会に出ていった法学士は、どのような職業を選択し、その就職先でどのような地位につき、どのような活動をしているであろうか。そして、そこでは、大学の法学教育はどのような成果をあげえているであろうか。法学教育改善のための調査としてはここまで追跡調査をしなければ完全ではあるまい。この問題については、わが法学部の霜島助教授の甚だ興味深い調査がある。「企業内法学士の予備調査」と題するもので、もう三年位前になるが、新制になってからの法政大学法学部卒業生のうち約五〇〇名を対象にアンケート調査をおこなったもので、この問題に関する先駆的調査として貴重な資料と思われる。これは埋れた未発表資料であるが、とくに同教授のお許しをえてその調査結果の一部をここに引用させて頂く。霜島助教授の調査によると、企業内法学士は、とくに法律を専門とする部門で活躍する者が多いわけではなく、彼の法律知識は、直接職務の上で生かされることもままありはするが、同僚や顧客からの法律相談においてより多くその効用を発揮するという。そして、頻度の多いのはなんといっても、民商法、ついで労働法であるという。また、企業内法学士がもっとも大切と感じ、実際に役立っていると思っているのは、やはり、いわゆる法律的な物の見方・考え方であり、論理的に物事を考え、判断する力であるという。そして、その力を養うために大切なのは、民商法・労働法などの基礎課目の（その課目についての司法試験合格程度の）徹底的な修練であり、細かな技術的教育は案外身についていないし、また役立っていないという。

(iv)　改革のための具体的提言

さてこれまで教える側、教えられる側からそれぞれ私学の現在おかれている状況を観察し、学年延長案には否定的な立場を展開してきたが、しかし、そうはいっても、東大法学部の改革案で問題とされた諸点、つまり、①カリキュラムの過密化の問題、②学問の進歩・発展の問題、③総合的判断力養成の問題は、同じ新制大学として私学にも共通する問題であり、また、④法学部に籍をおくものとして、法律専門家の育成の任務を放棄することを望むものでもない。では、学年を延長することなくして、これらの問題にどう対決するか。いくつかの具体的提言を試みたい。要するに、問題は、一般教養教育、専門教育、大学院教育各々の教育内容および方法の再検討と三者間の有機的関連づけをどうするかにつきる。

(1)　一般教養教育

まず、今日の新制大学において、一般教養教育を担当する教養部と専門学部との間にいくつものわだかまりがあることは周知の事実であり、いわゆる縦割制をとる大学も横割制をとる大学もそれぞれに問題をかかえているようである。しかし、教養と専門がいつまでも相対立し、敵視し、相互に疑心暗鬼であったのでは、結局問題は解決しない。両者の話しあい、相互理解こそ問題解決の第一歩である。ここでは、これ以上、この問題解決の為の人的制度的解決案には触れないが（やがて公表する研究・教育体制懇話会の白書第三集でこの点にふれる予定である）、学年延長のできない以上、私学のわれわれは、この問題に積極的にとりくまざるをえないし、またその覚悟もある。そしてむしろその方が、新制大学理念からみれば正道だと思われる。

ところで、ここでもう一度、われわれは一般教養教育の理念を考えなおしてみる必要がある。それを要約すれば、㈠、大局をみて物事を総合的・弾力的に考える頭悩を養成すること、㈡、専門の学問の進歩のためにも広い知識といろいろな研究方法とを身につけることであり、したがって、その内容・方法は、

一　専門への準備教育

二　専攻せんとする専門とは別な領域の一般知識

三　一般的・総合的知識を与えて頭脳的思考の訓練を施す

ことにまとめられよう（矢内原忠雄「大学の理念と使命」『新制大学の諸問題』大学基準協会一九五七年一二―三頁）。ところが日本の大学での実情は、せいぜい専門への準備教育とされているのが関の山ではなかろうか（伊多波重義・西田正夫編「大学」五一頁以下の指摘は示唆的である）。

右の理念からみれば、一般教養教育は常に一般教養担当専任の教授でというのはおかしいし、各々

専門をもった教授が教養科目を担当するのが筋であろう。そして、座談会においても発言したように、たとえば、法学部の学生が教養課程で経済学入門の講義を聞き、もう一度専門課程で法学部用の経済学を聞くのは無駄である。ここらあたりに整理すべき一つの問題がある。また、自然科学についても、高校の物理や化学の繰返しでなく、例えば、自然科学史であるとか、科学方法論であるとか、教育内容にもっともっと工夫・改善すべき余地があるはずである。さらに一般教養教育をこのようにとらえれば、なにもそれは前期二年で済ましてしまわなければならぬものではない。一年次はともかくとして、三年次、四年次でとらす、いわゆるクサビ型科目配当は可能であるし、また合理的でもある。要するに四学年全体を高度に教養化するのが、新制大学の理念に合致するのではあるまいか。

第二に、問題は第二外国語の履修にもある。翻訳文化・翻訳学問が隆盛を極めた明治以来の日本の大学教育においては第二、第三外国語教育がすこぶる重視され、その遺物が新制大学に伝っている。しかし、今日では、かなり状況が違っているし、また、新制大学における前期二年間での第二外国語教育の実状に多くの問題があるのは周知の事実であろう。一律必修制を思い切って選択とし、その代わりに第一外国語にもっと重点をおいて三年、四年へとつなげ、さらに、研究者・専門の法律家になる者には、ガイダンスの強化により第二、第三外国語を選択させ、時間数をふやして徹底的に鍛える方がより合理的ではなかろうか。ここに整理・検討すべき第二の問題がある。

⑵　**専門教育**　では、専門教育の力点はどこにおくべきか。私は、法哲学、憲法、行政法、民法、商法、刑法、労働法などの主として実体法的基礎科目に時間をゆっくりかけ、その技術的錬磨を徹底的にやるべきだと考える。霜島氏の調査はこのことの必要性を示している。そして、民訴、刑訴

などの手続法は裁判法としてひとまとめにしたら如何。また、特別法の領域につき、特別講義を設けることも悪くはないが、むしろ手続法や特別法は大学院の講義科目とし、学部の学生で余裕のある者に選択させる程度でよい。そして、これまでの案で節約できた時間は、ふるに隣接諸科学、例えば経済学、経済史、政治学、政治思想史等の講義の履習にあてさせるべきだと考える。

この科目履修方法と並んで大切なのは講義内容・方法の改善である。この点は、ケース・メソッド方式とか、ユーブング等の方法論をめぐってすでに多くの方が論議されているところなのでとくにここでは論じない。唯、私学で、六、七〇〇人もの学生を相手に講義している私の経験では、残念ながら新方式の採用はなかなか難かしいのが実状である。私の体験的教育法はこうである。私学の実状からして、講義、外国書講読、ゼミナールは毎年必ず持たざるをえない（私学では、これに加うるに夜学の負担がある）。

そこで、この大中小三つの講義の組合せを考えて教育する。まず、大講義では、民法を体系的に事例をおりまぜながらひととおり説明する。時々は脱線して、学会の議論の焦点を深く追求することもあるが、まずまずオーソドックスに、民法の手ほどきをする。次に、七〇名程度聴講の外国書講読では、パウンド、エールリッヒ、カードーゾー、フリードマン等をテキストとし、法の基本的考え方、判例研究の意義、法解釈学の科学性等の問題を学生との対話を通じて考え、鍛えてゆく。そして、二、三〇名聴講のゼミナールでは、あらかじめ与えた問題につき、毎週全員にリポートを書かせ、その場で指名して報告させ、全員で討議する。これを、私は、三位一体式教育法と呼んでいる。

(3) 大学院教育

大学院教育の目的はもはやいうまでもなく、修士課程においてはその道の専門家を作ることにある。大学院教育の初めは、学部四年の後期からはじめるのが妥当である。ここでは、基礎科目についてはさらにたちいった特殊研究・特殊講義を、手続法・特別法領域については、新たにこれを学ぶこととなる。そして、外国書の原典研究にもかなり力をいれることになり、この課程在学中あるいは修了後、司法試験を合格できる程度の人材を育てたい。但し、この案の実現のためには、奨学資金制度の飛躍的拡充が必要である。

さらに、その次には、その道の権威を養成する博士課程教育の問題が控えているが、現在の私にはまだこれを試論する資格がない。

以上、この二、三年、おりにふれ考えていたことのいくつかを、与えられたチャンスを機にまとめてみた。書きあげてみると、分析不足の点、想を練ることのはるかに不足する点が随所に目立つ。ただ、私学の危機を眼前にして、われわれはいかにこれと対決すべきか、無学・無力な己れに焦躁の感をいだきつつ、法学教育に焦点を合せてあちこちと手探りをしてみたのがこの小稿である。多くの方のお教えをうけ、更に、打開の道を模索し続けたいと思っている。

最後に一言。今この稿をまとめつつあるとき、私の心の奥底には私学法学の将来のあり方の一つとして、市民的実用法学、つまり、裁判官法学に対する意味での市民法学樹立の必要性を感ずること切である。私学法学の歴史はもはや一〇〇年に近づかんとしている。しかし、私学法学はこれまで果して、真に、在野法学でありえたか、そして、言葉の真の意味において、市民のための法学を、そしてその体系を作りあげえたのであろうか。

（ジュリスト三六八号五九頁）

3　大学公害と法学教育

（一九七三年）

日本資本主義の高度成長政策がもたらしたもろもろのひずみ、とくに環境汚染問題は、このところ一段とまた新聞を賑わしているが、これとならんで、ほぼ一〇年来社会問題となっている大学（紛争）問題も、今日依然として、日々の紙面から消えることがない。この問題、今日的表現でいえば、戦後の、とくに昭和三〇年代以降の、大学の高度成長政策がもたらした、一種の〝公害〟といえようか。

理性の府（かつてこの言葉はなんと美しいひびきをもっていたことか！）に、力には力をの論理がいつしか定着し、無力さを暴露した「痩せたソクラテス」達の間に、機動隊導入の日常化に対する慣れが惰性的に蔓延し、他方、革命の美酒に溺れ、力のみを過信するものの末路がなにかを象徴的に示した赤軍派事件以降も、鉄拳、竹ざお、鉄パイプの振り廻しにしか生き甲斐を見出せぬ若者が後を絶たぬこの現実。考えてみれば（否、みるまでもなく）、ここ一〇年来、大学紛争の発端となった大学の基本的問題状況が、なんらの根本的な解決もないまま放置されている以上、このことは必然といえようか。

昨年一年間、機会をえて、西独、フライブルグ大学での研究のかたわら、欧米諸国の大学を駆足でみてきたが、同じ敗戦国ドイツの、なんとゆうゆうとした大学発展政策よ。ここにはまだ、フンボルトの大学理念が健在である。ルビコンを渡り、突っ走ってしまった我が大学の状況では、もはやここに引き返すのは不可能というものか。他方、教養教育重視の新制大学のモデルとされたアメリカの大学における、ハーヴァードやイェールのロースクールのたたずまいは、中途半端な法学専門教育に埋没している我が法学教育への反省を迫ることしきりである。ウォーターゲート事件で象徴的に示されたジュリストの活躍は、民主社会におけるジュリストの役割の重要さを、良きにつけ悪しきにつけ、事新しく認識させてくれたが、我々の法学教育は現代社会の要請に十分こたえうるものであろうか。

問題意識はすぐれて先鋭ではあったが、日本全体の大学状況への認識不足の故に批判され、不十分な討議のまま、いつしか忘れ去られた感のある、東大法学部五年制度案は、今日新たな次元、新たな視角のもとに、今一度俎上にのせられ、法学教育改革の方途の叩き台とさるべきではなかろうか。政府の新たな構想を批判するばかりでは、能のない話である。

（受験新法二三巻七号、一九七三年）

4　三位一体的教育方法の一端としてのゼミ

（一九七五年）

マスプロ大学と呼ばれる法政のような大衆的私学の法学教育において、少人数教育の象徴的存在であるゼミが果たす重要な役割については、今更とくに語る必要はあるまい。かつて、私は、マスプロ大学における体験的教育方法として、講義、外国書講読、演習の三者の位置づけについて、次のような趣旨のことを書いたことがある。

「私学の実状からして、講義、外国書講読、ゼミナールは、毎年必ず持たざるをえない。そこで、この大中小三つの講義の組合せを考えて教育する。まず、大講義（八〇〇名程度聴講）では、民法を体系的に事例をおりまぜながらひととおり説明する。時には脱線して、学会の議論の焦点を深く追求することもあるが、まずまずオーソドックスに民法の手ほどきをする。次に、七〇名程度聴講の外国書講読では、バウンド、エールリッヒ、カドーゾー、フリードマン等の著書をテキストとし、法の基本的考え方、判例研究の意義、法解釈学の科学性等の問題を学生との対話を通じて考え、きたえてゆく。そして、二、三〇名聴講のゼミナールでは、あらかじめ与えた事例式問題につき、毎週全員にリポートを書かせ、その場で指名して報告させ、全員で討議し、法解釈学の技術的訓練や法学的思考方法の鍛練をする。これを私は、「三位一体式教育方法と呼んでいる。」（ジュリスト三六八号「法政大学法学部現行カリキュラムの検討課程と将来への展望」六五頁、昭和四二年本書八一頁）。

状況に若干の変化はあるが、この考え方は基本的には今日でも変わりがない。私の学部ゼミナールは比較的司法試験受験希望者が多いこともあり、かつ又、法律学が技術学である以上、民法解釈学の技術的訓練を徹底して行なうことが、重要かつ必要であるとの認識もあって、事例式問題を中心として報告、討論を展開する中で法学的思考方法を訓練する型のゼミナール運営方式をとっている。この形式のゼミは、一定の学問的に興味のあるテーマについて深く掘り下げた研究報告を中心として討議を展開する。大学における本来的なともいうべきゼミナールとはその在り様を異にする。後述するユーヴング方式のゼミとの中間形態といえようか。本来的なゼミ方式は、私は大学院ゼミで行なっている。昨年度は、損害賠償法の現代的課題をテーマとして、先年のドイツ留学中に、フライブルグ大学のストル教授からそのゼミに出席した記念として恵贈された、右テーマの比較法的研究に関する彼の近著を読み、今年度は継続して、日本の最近の若手諸教授の論稿を分担研究して、このテーマに関する掘り下げた研究を試みる予定である。

ドイツでは、この方式のゼミが現在でも主流を占めているが、これとならんで、国家試験（大学卒業資格授与試験）の準備教育として、いわゆるユーヴング方式のゼミも盛んであった。フライブルグ大学のアレンス教授のユーヴングに出席したことがあるが、比較的簡単な事例式問題集をあらかじめ学生に配布して、主として助手（といってもドクターだが）が中心となって、一問一答形式で六〇名程度の学生の訓練にあたっていた。このやり方を、私は、従来から早稲田大学の二年生を対象とする財産法演習で行なっている。『ワークブック民法』はこのやり方のテキストとして手頃であるが、二年生ではまだ解釈学的知識が必ずしも十分でなく、また聴講生も六〇名程度の多数なので自ら、講義形式も加味したこのやり方に落ち着いてしまうのである。

法政の学部ゼミでは、この他、コンパや合宿（二泊三日で半年分位の量をこなす）も行なって、人間的交流にもつとめているが、最近の物価高が、学生諸君の生活を苦しめ、コンパや合宿費用について、余分の負担をかけることとなっているのが心苦しく、このような心配をすることを淋しく思う昨今である。

（法学セミナー一二三七号五一頁）

Ⅲ　大学紛争と大学改革

1 「法政大学の研究・教育体制懇話会」の発足

（一九六四年）

戦後約二〇年、まだまだ不十分とはいえ経済生活の面では、わが法政大学もどうやら一応の水準に達し、他大学と肩を並べられるようになりました。しかし、大学の存立にとって欠くことのできない研究・教育施設その他の諸条件の面では、法政大学の現状は、絶対的にも相対的にも非常にたちおくれています。

研究室問題一つをとってみましても、例えば中央大学では個室に冷房装備を施すという段階に達しているというのに、法政では、周知のとおり、冷房どころかむし風呂的研究室に数人雑居というみじめな状態です。このことが育ち盛りの若手研究者に与える影響の重大さは、彼等の多くが他方で住宅問題に悩まされていることを考えあわす時、明々白々だといえましょう。

このままの状態だと、一〇年、二〇年先のわが法政大学の学問的、教育的荒廃はおそるべき程度に達するのではないかと危惧されます。それはひとり法政大学の衰微におわるものでなく、わが国の学問及び大学教育全体の発展にとって大きなマイナスだともいえます。最近、大管法等々によるアカデミック、フリーダムの危機が声を大にして叫ばれています。しかし、大学人自身の厳格な自律制と充実した研究教育活動なきところ、アカデミック、フリーダムはありません。わが法政大学の現状では、アカデミック、フリーダムは内的崩壊の危機にさらされているといっても過言ではありません。われわれ大学人にとっては、このことこそをまず何よりも問題とすべきではありませんか。

ところで、去る十月十日教授懇談会主催により、「法政大学の未来について」なる会合がもたれました。この会の終了後、出席者有志の中から、法政大学の研究及び教育の現状を何とかしなければならない、そのためには大学教員が本腰を入れてこの問題と取組むべきである、という声が自然発生的にわきあがってきました。その後、われわれ有志は十一月十四日、二十八日、十二月十九日の三回に亘って会合し、種々討議を致しました。そこで得られた結論は次のようなものです。

1、われわれは、法政大学の内的崩壊を防ぐために今こそ一体となって研究・教育条件の改善問題に真剣に取りくまねばならない。

2、そのため、さしあたり法政大学の研究・教育条件の現状とその問題点、さらに、他大学の現状やその研究教育条件改善のための努力に関する正確、かつ綜合的な資料の蒐集が必要である。

3、それにもとずき法政大学の未来にかんする短期的ならびに長期的ビジョンを画く。

4、こうした結果をきたる四月を目標に法政大学研究・教育体制白書として発行し、この問題の意義と重要性とを理事会、教授会、教職員組合等々に広く訴える。

5、右の活動を推進するために、教員の自主的な組織をつくり、積極的に活動する。

われわれの意図するところをお汲みとり下さりぜひわれわれの活動に御協力下さるようお願い致します。

なお、早速ですが、右の白書をつくるためにまず研究条件の実態につきアンケートによる調査を致したいと思いますので、調査項目につきなるたけ詳細に記入して下さるようお願い致します。

昭和三十九年二月五日

―発起人―

秋田 成就　杉本 圭三郎
伊藤 道保　鈴木 建三
内海 利朗　徳永 重良
大久保 博　野田 正穂
金丸 十三男　船山 栄一
川上 忠雄　山屋 三郎
国府 種武　渡辺 寛
下森 定　渡辺 一夫

2　軟禁された二五時間

（一九六七年）

「学者はルポを書いてはならない」というのが、古来の鉄則だそうである。とくに、事件がまだ完全に解決していないとき、その事件について語ることは、厳につつしむべきであることはいうまでもない。しかし、あえてその禁をおかしてまで、私は、いま、私が現にそこに籍をおく法政大学に起こっている問題について綴りたい。というのは、今回の法政問題は、大学の自治と自由を維持せんとする今日の日本の大学が共通にかかえている一般的な問題であり、その意味において、それは、ひとり法政のみの問題ではないからである。

たしかに未解決の問題であるだけに、それについて綴ることは困難である。時間の審判にまたなければならないことも私は自覚している。だから、ここでは一連の経過の中で、たまたま、私が、その渦中にありもっともよく事情を知っている二五時間の状況を中心に、客観的に事実をのべ、討論の素材を提供することのみにとどめたい。それだけで、私の当面の目的は十分達成されると思う。

(1) 九月一四日とその背景

警官導入の九月一四日午後、大学構内は緊張につつまれていた。「大学当局、機動隊を学内に導入！」、赤いポスターカラーで大書した立看板を背に、「全学共闘会議」の学生がスピーカーで呼びかける。「自由の学園は警官によって踏みにじられた。多くの学友が牢獄につながれている。抗議行動をただちに大学当局に対し起こそう。学友諸君……」

大学は、警官導入について

「　告　示

昭和四十二年九月十四日未明、本大学は大学自身の意思にもとづいて、戦後はじめて警察官を導入するという非常事態を招くにいたった。本大学にとってまことに遺憾のきわみといわなければならない。

大学の自治と自由を擁護するためには、それに対応する責任を教職員、学生ともにもたねばならぬ。その自由を守るために警察官導入は万やむをえざる処置であった。

今日の事件の発端となった九月八日付学生処分は、大学告示にも明白にしめされているように、大学の再三の制止を無視しておこなわれた、去る六月十三日および二十四日の暴力的衝突事件によっている。すでに大学の自治の無視が、その時点で進行していたといえよう。しかるに、その後展開された処分撤回運動は、大学本来の組織原理にもとづいて教授会と学生自治会との話し合いを提起しているにもかかわらず、それを無視し、大学自治を根底から破壊しようとするものであった。

すなわち、一部学生は処分撤回を要求して、八、九、十、十二の四日間にわたり、学生部長、学生課長あるいは学生厚生補導委員を十二時間から二十四時間にわたって軟禁した。ことに十二日には授業を妨害したのみならず、学生部長、学生課長を長時間にわたって拘束し、食事、用便さえ禁止し、さらには第三会議室に拉致し、ヘルメット、棍棒の威圧のもとに暴力をほしいままにした。このときすでに大学自治は限界に立っていたのである。くわえて十三日は、総長、七学部長を教授室に監禁するにいたった。

このような状況は、まったく大学の存立を否定しようとするものであるとともに、大学構成員間の自由な交流を阻止するものである。

こうして、大学への警察官導入という非常事態が刻々と醸成されていったのである。そこには前夜を上廻る危険が予測されるにいたった。大学はここに、大学自身の内部崩壊を防ぐために、不本意ながら重大な決意をせざるをえなくなった。

大学はこのような重大事態をひき起こした原因を深く検討し、反省するとともに、教育研究の場としての大学自治の重要性を、改めて厳粛に想起するものである。

法政大学が今後さらに新しい一歩をふみだし、輝かしい伝統を一層発揮するか否かは、今日の悲劇的事態からいかに多くの教訓を学びうるか否かにかかっている。

昭和四十二年九月十四日

法　政　大　学」

という告示を出すとともに学内放送で一般学生に呼びかけた。

今回の法政大学問題は、これまでのおおくの大学問題と異なって、大学対学生の対立というのではなく、学生内部の政治対立に原因するものであった。周知のように「安保」前後から学生運動はいくつかの派に分裂していったが、六月二二日付の総長告示（資料参照）にもあるように、法政大学においてはこの政治対立がつづいていた。それが、六月一三日、第二教養部自治会問題をめぐって衝突となり、六月二四日には法学部自治会内部の対立が表面化していった。ことに注目すべきは、両事件とも大学の公式の制止にもかかわらず、それを無視しての衝突となったことである。もし大学がこれをみのがすならば、大学の自治そのものの崩壊を招くことになる。というのは、学園の自治維持という大学の責任が六月一三日と二四日において公然と無視されたからである。かくて、大学はその自治維持の責任において、処分をおこなったのである。しかし大学は決して、学生自治自体に介入し、特定の派を支援するようなことはできないし、そのような権限ももっていない。したがって今回の処分においても、学生自治への介入としてではなく、具体的に暴力事件ないし集団衝突事件を問題としているのである。このことは九月八日付の処分理由にも明確にのべられている。

「　告

昭和四十二年六月十三日夜、五一一番教室前において、一部学生により組織的に暴力行為が行なわれ、学生のみならず、制止に入った教職員を含め、約三十名の重軽傷者を出すに至った。しかも、この事態は大学の再三の説得・制止を無視してひき起こされたものである。

この事件につき、法政大学学則第五十一条（大学院の場合は、大学院学則第六十二条）により次の通り処分する。

記

一、右の事件における指導者としての責任
　停学二ヵ月　○　○（一名）
二、右の事件における暴力行為についての責任
　停学一ヵ月　○　○（四名）」

「　告

昭和四十二年六月二十四日午後、五一一番教室前において、一部学生により集団衝突事件が起こされ、学生のみならず、制止に入った教職員を含め、約十名の負傷者を出すに至った。しかも、この事態は大学の再三の説得・制止を無視してひき起こされたものである。

この事件につき、法政大学学則第五十一条により次の通り処分する。

記

右の事件における指導者としての責任
　譴責　○　○（二名）」

しかもこの処分にあたっては、大学はあくまでも学生との話し合いを基本とし、学生処分権をもっている各学部教授会に異議申立の道をひらいていたのである。しかしこの処分にたいする撤回運動の実態は、「革マル派」の九月一八日付ビラにみられるように「その内容は学生部長を肉体的に消耗させ、そしてそれを人質に総長を団交に引きずり出し、総長に対し処分撤回、機動隊導入を迫っていく

という全く単純なものであった」と、内部からも批判がでているのである。この「人質」作戦は八、九、一〇、一二日のみならず、ついに一三日、総長、各学部長らを五一一番教室から教授室へ拉致し監禁するにおよび、一四日未明、大学は戦後はじめて警官導入のやむなきにいたったのである。だがこの「人質」作戦は一四日にも六たびくりかえされたのである。

一四日午後三時頃、川又欣一郎学生課長は学生部におしかけた外部学生をふくむ学生によって、強制的に五五年館前広場での屋外集会に連れ出されるにいたった。「機動隊導入の責任者の名をいえ」、「総長、学務理事に午後六時までに集会の場にくるように連絡せよ」と口々にせまった。その後雨が降りだしたため共闘会議の学生は、川又課長を学生控室二階の教職員食堂に強制的に拉致した。学生数およそ三〇〇人。時のすぎるとともに事態の重大さに関心をもつ学生をもふくめてその数は増していった。また、川又課長救出におもむいた菅野学生部委員（教授）も一時身体の自由を拘束された。その間多数の教授は大学院ロビーに集結しつつあった。午後七時、講義を終え、学外で所用を足していた私は川又課長の拉致されていた会場に駆けつけた。

(2)　機動隊導入をめぐる問答

会場では前方議長席の中央小卓前で、川又課長が十数名のリーダー等によってとりかこまれていた。その小卓の前方には、食堂の机、椅子をとりはらったあとの床上に一五〇人ばかりの学生が坐り込み、さらにその周辺に立ったままの学生がぎっしり詰めかけている。会場はマイクの音と人いきれでむんむんし、熱っぽい雰囲気に人々はとりつかれていた。

私は、まず川又課長の身体の自由を要求した上で、厚生補導委員会副議長としてではなく、一教授として学生諸君と今回の問題について率直に語りあいたいと申し入れた。

私が、とくにこの点を強調したのは次のような理由による。すなわち処分撤回闘争のこれまでの経緯からみて、もはや、現時点においては、手続論をとびこえて、率直に処分の対象となった暴力ないし集団衝突事件や、大学が機動隊導入を万やむをえざる処置として行なった過程などをできるかぎり説明する必要がある、そのためには一教授として語るのが妥当だと考えたからである。

二五時間の間共闘会議の諸君が私に繰り返し繰り返し要求し、主張した点をはじめに要約しておくと、三点ある。第一は、機動隊導入の責任者の氏名を明らかにし、機動隊導入は大学の自治を崩壊させる誤った行為であったとして私個人の自己批判を求めるというものである。そして第二は、二八五名の大量逮捕者の、即時釈放要求をするよう大学当局に責任をもって約束させるというもの。第三は、不当処分撤回・機動隊導入弾劾のための、総長、学部長団交の開催手続を即時とれという趣旨のもの。以上三点である。学生は、この趣旨を文書化し誓約書（あるいは自己批判書であったか）と題するその書類正副二通を私に突きつけ、署名押印を求め、さらに、一項目ごとにいれかかわりたちかわり、その質問を浴びせかけ、返答を強要した。

これに対し、私はほぼ次のような回答を繰り返した。第一点について、法政大学の自治が学生を含む全法政人の手で守れず、警察の力を借りざるをえなかったことはほんとうに残念である。今後かかる事態の起こらぬよう、学生、教職員が一致団結して大学の秩序を守る必要がある、いまもっとも必要なことは、全学の秩序を速かに回復し、学園に平和をとりもどし、二度とふたたびかかる事態を起こさない体制を作りあげることだ、と論点を指摘した。また、「機動隊導入回避のために貴方は一体どれだけの努力をしたのか」という質問には、当日総長らが監禁された教授室前のバルコニーで大学側を代表して私とU教授とが三〇分以上説得をかさねた事実を指摘した。

さらに、私は、「諸君の質問に対しては、自分の自由な意志にしたがって、説明する必要があると思われる問題だけに答える。さらにまた、私は自ら自由に発言する権利もあると考える。だから、私からも諸君に聞きたい」と前置きして、大学を機動隊導入へと追いこんだ、八日以来の共闘会議の行動、とくに山本学生部長、川又学生課長を密室に監禁して総長団交を強制した一三日未明の状況、総長・学部長を一三日の深夜、同様の監禁状態においた状況を説明して、そのリーダーの責任を問うた。「人間は謙虚でなければならない。機動隊導入につき大学当局の責任を問うのは君たちの自由である。しかし、同時に、玉砕的とも思われる戦術をとり、大学当局を機動隊導入のやむなきにおとしいれ、さらには事情もよく分らず教授室になだれこみ、大量逮捕の巻き添えとなった学生諸君に対し、君たちリーダーはどのような責任を感じているのか、それを問う」と。

この時である。新聞などで伝えられたような、紙ツブテ、煙草の吸殻が一斉に飛んだ。それらは、主として会場の右前方に坐っていた諸君から飛んできた。それが法政大学の学生諸君であったのか、それとも他大学の学生諸君であったのかは私にはよく分らない。ただ、当日、他大学の自治会旗が会場にあったり、「トイレはどこか」、「公衆電話はどこか」とたずねる学生が多数いたというから、多数の他大学生諸君がその会場にいたことだけは間違いのない事実である。

また、私の答弁や質問を不満とするリーダーたちが、私に罵詈雑言を浴びせ、私をこづき、押し、突き、椅子を与えなかったのも事実である。一般常識として、これらのことが、教師にたいしてというよりも一人の人間にたいして許されるべき行為でないことは、冷静になった今、共闘会議の学生諸君もよく分ってくれていることであろう。もっとも、当日の会場にいたすべての学生が暴力的であったわけではない。純粋な友情から被処分学生に同情し、これまでに大学側から処分に関して具体的な説明がないのをいらだたしく思っていた人もかなりあろう。さらにまた、機動隊導入で多数の学友が逮捕されたことに悲しみと怒りを感じていた人もかなりあろう。これらの諸君は、私の話をじっくりと聞いていてくれたようである。議長団の行動に対する拍手、ヤジリ方で私はそれの見分けがついた。そして、朝方まで、私をいたいたしそうに見守り、時々そっと力づけてくれた私の所属する法学部の一学生がいたことを私は忘れえない。彼は、後述するように、翌日の夕刻私が身体の自由をえる少し前、勇敢にも、マイクの前に進んで発言を求め、暴力反対の意見をのべた一人である。

(3)　コップの水かけ事件

前述の他に学生諸君と私との間にいくつかの問答が繰り返された。まず二八五名の大量逮捕者の即時全員釈放要請については、次のような配慮がなされることが必要であった。大学としては総長らの救出を依頼したのであるが、警察は独自の判断にもとづいて不法監禁罪の現行犯として大量逮捕にふみきったのであろう。そのためここで大学がなしうることとして考えられるものは、速かに審理を進めて、巻き添えとなった学生諸君を即時に釈放してほしいとか、なるたけ穏便な措置をとってほしいと要請することである（そしてこの手続は、すでにその後大学によってとられた）。そこで当然、私はこの点について明確な返答をすることはできない。ただ、経済学部のK君という学生の母親が逮捕の報を聞いてショックで倒れ本人に会いたがっているという報告があったので、現実にそのような特別の事態が生じたのなら、釈放要請の手続は大学として当然問題となろうと答えたが、実際にはすでに川又学生課長が当夜その手続をとってK君は釈放された。

次に、総長、学部長との即時大衆団交の手続をとれとの要求には、諸君の意志をつたえることはするが、総長は今回の事件で入院寸前の状態にあるという事実をつたえた。その他、私は、われわれ法政大学の若手教授の任意な集まりである、研究・教育体制懇話会で作った大学危機の克服の方向を模索した自書を紹介し、今日の法政大学ならびに全国の私立大学がかかえているさまざまな矛盾、危機をのりこえるために、学生諸君と一緒になって努力したいと呼びかけた。

このような問答を繰り返すうち、一一時頃から、次第に学生の数が少なくなっていった。そしてあとには活動的な諸君のみが残ったようである。

だが、他方において現場では、同僚教授たちが私の救出が実質的に不可能なため、自制しながら私を激励してくれていた。これは私の場合ばかりではなく、八日以来ひきつづく状況であり、それは「無為」を意味するのではなく教授の説得が困難だったからである。

立ちずくめのまま、一時をすぎ、二時をすぎてくると、連日の睡眠不足から次第に疲れをおぼえ、言葉のやりとりも生彩を欠き、同じことの繰り返しとなりはじめた。そこで、私は体力の消耗を避けるため、自然の睡魔のおそうままに任して、積極的な説得の努力をやめざるをえなかった。

この私の態度が、共闘会議の学生諸君をはなはだ刺激したようである。突如、二、三人がかけよって、のどわで突き、髪を掴んで後にのけぞらした。しかし、私はあえてこれに抵抗せず、なすがままに任し、ただ暴力的な行為はやめるようにと注意し、再び眼をつむったように覚えている。このとき誰かが、「ねむるな、眼をさましてやる」といってコップの水を私の顔面にひっかけた。さすがに、これに対しては、私は、体の芯から怒りを覚えた。コップの水をかけるという侮辱的な行為は許せない。この時以後、私は一切の返答を拒絶した。それはほぼ、一五日午前三時半頃のできごとであっただろうか。

この間、対策を協議して学生との交渉にあたっていた同僚諸教授は、さしあたって医師の診断について交渉をしたが、共闘会議はこれを拒否、自分たちの指定した医師をといったという。私の二五時間の軟禁中、現場に関するかぎりこの時点が最大の時であった。ここで誤解していただきたくないことは、私の場合は前々日、前日と異なり密室への監禁ではなかったし、このような事態においても大学は理性的説得の態度を捨てることはできないのである。大学は無力ではあるが、理性において偉大でなければならない。

(4)　家族の心配伝わる

これまでほぼ一〇時間、水を時々のんだにもかかわらず緊張していたせいか、生理的欲求は少しも覚えなかった。午前五時半頃であったか、小用を感じた。人間、睡眠不足が続くと、涙もろくなるのであろうか。トイレへの途中、私の両脇を支えてくれた同僚教授のA君B君から、よく頑張ったといわれた途端、グッと感情が激して目頭があつくなった。あわてて拭って若干の打合せをする。午前九時頃に至り大学側はあらためて共闘会議に、「総長またはそれに代るものが一八日に学生諸君に会う。ただし、場所日時については一六日に話しあう」との提案がなされたという。しかし、共闘会議は一六日（つまりその翌日）総長団交を主張して譲らなかったために、この時も交渉は物別れとなった。この間、午前八時頃であろうか。学生諸君の私に対する態度がガラッと変ってきた。後でわかったことだが、朝刊で私のことが大々的に報道されたため、学生諸君が事態の不利となることをおそれたものと思われる。また、大学との交渉の糸口がほぐれたこともその一因であっただろう。

牛乳を買ってきてくれ、言葉遣いも丁寧になり、笑顔すらみせるようになってきた。そして、雑談も少しはじまった。このように空気がほぐれてきたために、私は、「自分は自由意志にもとづいてこの場所に入り、自由意志にもとづいて、現在までここにいる。ただし、こづく、水をかけるなどいくつかの行きすぎの行為があったことは遺憾である」旨の文書をしたためて、学生諸君に手渡した。これは午前八時半の時点である。

ところが、一〇時半頃にいたって事態はまた険悪となった。九時頃から、元気を回復した私は、また前夜と同様なやりとりを共闘会議の諸君と交していたが、外の交渉が物別れとなったため、彼らはまた態度を変え、タカ派が私を吊し上げる戦術をとろうとした。

会場内にいた教職員をすべて追い出して、扉を締め切り、ガラス戸には机をたてかけて、外からみえぬようにしたために、会場は一瞬シーンとした異様な空気につつまれた。この時会場には、全学共闘会議の立場を強く支持する学生諸君がほとんどであったもようである。外で仮眠をとっていた活動家がまた会場に入り、その数およそ七、八〇人であっただろうか。私も一瞬緊張し、外の方でも随分この時は心配した様子である。ところが、この時、問答は第一法学部自治会問題に入っていった。この問題は、六月二四日事件にからんで彼らにとっても重要な問題であったので、じっくり私とこの問題を話しあおうという姿勢をとった。この問題が実は非常にこみいったいきさつがあるために、一応の説明を終るまでにかなりの時間がかかる。説明を進めてゆくうちに、会場は次第に平静になり、質問をうけながら、議論が展開してゆき、身体的危機はどうにか回避された。

(5)　診療所に足を運ぶ

この頃、朝刊をみて驚いた友人の徳永弁護士が大学へかけつけたという。一二時頃、小林医師が入室、診断をうける。脈搏一二〇、血圧一一〇〜七〇、疲労の度合い濃しとのこと、ビタミン注射をうける。朝刊を読んで心配した教え子たちが、休日にもかかわらずかけつけ、会場に姿をみせはじめる。小林医師に附きそってきた、就職部のS氏が家族が心配していると伝えてくれる。一時からゼミの卒業生の結婚式に呼ばれていたことを思い出し、このような状態で出席できぬ旨伝えてもらう。その後しばらく、軽い体操をしたのち、長椅子に横になって休む。これが私が疲労で倒れたと伝えられたため、多くの人に心配をかけたもようである。会場にいた経済学部の学生が私にチョコレートを差し入れてくれる。これは、実にうまかった。また、ゼミの卒業生がお茶を運んできてくれる。

ところでこの少し前、まだ教職員が私に近づけぬ頃、一新聞記者が私の傍にそっとやってきて激励してくれたのも忘れえぬことであった。しかしこの頃、大学は、私の救出対策のため、重要な決断を迫られていたという。以下、この間のいきさつを会場外にいた友人のメモによって紹介しよう。

「午後四時、下森助教授救出のため、教授団、大挙して大学院ロビーから教職員食堂に移動開始。階段をのぼりかけたとき、共闘会議の議長団の一人である学生がとんできて、『一六日を譲歩し、一八日に団交を行なう、という線で内部をまとめるから、十分程度待ってほしい』と申し入れたので、いったん大学院ロビーにひきあげる。午後四時一五分頃、教授団再度大学院ロビーから教職員食堂にむかって移動。学生ホール入口から、庶務課にかけての廊下で待機。共闘会議の返答を待つ。しかし、交渉はなかなか進展せず」

この時、会場の中では、リーダーたちは二、三人の見張りを残すのみで片隅に集ってしきりに大声で相談し、やりあっていた。どうやら、共闘会議の中で、ハト派とタカ派との足並が乱れてきていたもようである。友人徳永弁護士がやってきて私の隣に坐り話しかけてくる。私は、彼の口から外の模様をはじめて詳しく聞いた。彼は人権問題だと憤慨し、また大学当局の決断がおそいとしきりになじる。たしかに、私に関する報道のみで判断するかぎり、一般の眼には、大学が生ぬるいと感じられたことであろう。しかし問題はそのように簡単でないこと、すでにこれまで述べたとおりである。すでにこの時点では、私が会場から逃げだそうと思えば、やってやれないことはなかった。しかし問題は振出しにもどるのみである。まして、警察力を今一度借りるなどは、この時点では論外である。あせらず、ゆっくり時間をかけて説得を繰り返すことが必要なのである。

前記のメモは、その後の状勢をこう語る。

「話しあいがまとまり一八日に総長会見をするとの合意書を作成して持参したが、共闘会議側はその前文に、『全学共闘会議の主催する』を書き加えること、会見ではなく、団体交渉とすること、さらに、これまでの交渉過程ではまったく問題とされなかった新しい項目、『議事運営については全学共闘会議が責任をとる』、をいれることを要求し、総長印を押すことまで要求してきた。ここでまた二時間ばかり交渉が長びいた」

この頃、会場内では多くの学生が詰めかけ、彼らにたいしてリーダーと思われる学生が、いれかわりたちかわり、演説をおこなっていた。しかし共闘会議の中でもそれぞれに少しずつ主張が違うらしく、「ナンセンス」と互いにいいあっていた。そのうち、「吊しあげといった不毛の戦術をやめよう」と呼びかける者まであらわれ、飛び入りの学生も加わって、暴力反対、全学共闘会議批判まではじまった。そこで、前夜、もっとも猛烈に私に喰ってかかっていた議長団の一人に、「私にも一言」といったら、ニヤッと笑っていわく、「先生はアジ演説をやるから、もうしゃべらせない」と。

午後七時四五分。ようやく学生との合意が成立。二五時間ぶりに解放され、診療所に足を運んだ。

＊

予測は許さないが、事態がほぼ平静になりつつある今、学園のあちこちに、学園の自由と自治のすみやかな回復を願う、学生の生々しい息吹を伝えるビラや掲示があふれている。

今日の法政大学事件は、学生自治問題を発火点としているかぎり、解決もまた学生諸君自身の発意がその起点でなければならない。大学がつねに繰り返すごとく学生自治は大学自治の不可欠で本質的な構成部分であり、学生自治の破綻は大学の自治の崩壊へと必然的につらなる。かつてなかった現在の学園の危機において、大学の教職員は全力をあげてこの危機にあたっているが、広汎な学生諸君のこのような大学自治への活潑な声はわが学園のあかるい希望となっている。この声こそが大学の自治と自由をささえる柱といえよう。

（資料）大学・学生の声明文

――大学側――

大学の危機に際し　学生諸君に訴える

学生諸君、わが自由の学園法政大学は、九月十四月未明、警察官の学内導入という、創立以来かつてない危機をまねくにいたっている。

大学の自治を擁護するためには、それに対応する責任を、教授・職員ならびに学生がそれぞれの位置において分たなければならない。ここに、今日の危機をもたらすにいたった事実経過をのべ、学生諸君が、教授・職員とともに、大学自治の責任を分つことを訴えたい。ことに、今日の危機が学生自治会問題に究極的に起因していることを思うとき、学生諸君みずからの自発的な学生自治会問題への取り組みなくしては、学園の危機の克服という緊急課題の解決に曙光を見いだしえないのである。

法政大学は、学生自治会が、学生自身の理性的討論によって、自主的かつ民主的に運営されるべきであるという原則を、一貫して支持してきた。大学は、この学生自治の原則にもとづき、自治会費の代理徴収、学生大会のための休講処置などによって学生自治会に協力している。自治会の各機関が自治会規約（ないしその解釈についての自治会内の慣行）にしたがって成立しているかどうかを形式的に審査する責任を教授会が余儀なくされているのも、前記の特別な協力に関連してのことである。教授会は、この限定された枠をこえて学生自治会の活動に関与する権限も意志も持っていないことは当然のことである。

しかるに、近年、学生自治会運動における対立が激化し、学園内でもしばしば学生の衝突がおこっていたが、ついに六月十三日、六月二十四日の両日、一部学生による組織的な暴力行為、ないし集団的衝突事件が学園内で公然とひきおこされるにいたった。この際、学生のみならず、制止に入った教職員をも含めて、十三日には重軽傷者約三〇名、二十四日には負傷者約一〇名を出すにいたっている。しかもこの事態は、現場における大学の再三の説得や制止を無視してひきおこされたものである。ここに現在の危機の第一歩が踏み出されていたのである。

この間、大学は、六月二十二日に、学内における組織的・集団的暴力行為が大学の自治を内部から崩壊させ、外部からの介入を誘発するものであることにかんがみ、総長名をもって暴力行為にたいする警告を発し、学生諸君の自粛を要請した。また、六月三十日、法学部教授会においても、学内でのいっさいの集団的・個人的暴力行為の抑止を要望した。こえて九月八日には、経済学部教授会からも、第一経済学部学生自治会が、六月十三日の暴力行為にかかわりをもったことにたいして、強い警告が出された。

一方、上記の事件発生後、事態を深く憂慮した各教授会および大学院委員会は、周到な事実調査を行ない、関係学生についても呼出しを行なった。しかし、なかにはこれに応じなかった者が若干あったが、これは自ら弁明する機会を放棄したものと認めざるをえなかった。以上のような経過のもとに、各教授会および大学院委員会の議をへて当該学部ないし大学院所属の関係学生につき、停学二ヵ月一名、一ヵ月四名、譴責二名の処分を決定した。その際、とくに大学ではさまざまの主義主張が自由であるべきことにかんがみ、学生の自治活動に関与することを絶対にさけ、暴力行為ならびにその指導責任についてのみ処分するという立場を堅持した。

九月八日の処分発表に当っては、事態の重大性にかんがみ、従来多くみられたような簡単な適用学則の表示にとどまらず、処分理由についても明示するという配慮を加えたのである。

しかるに、その後展開された処分撤回運動は、大学本来の組織原理にもとづいて教授会と学生自治会との話し合いを大学が提起しているにもかかわらず、それを無視し、大学の自治を根底から破壊しようとするものであった。しかも、そこには教職員の身体を組織的な集団の力によって拘束し、教職員の心身へ威圧をくわえて要求をつらぬこうとするような、基本的人権を無視する手段がとられているのである。

まず、処分発表の九月八日午後八時ごろ、「処分撤回全学共闘会議」の名をもって、数十名の学生が学部におしいり、川又第一学生課長に総長・全学部長との「団交」の取次ぎを求めた。川又課長は、山本学生部長（経済学部教授）は六時まで学内にのこっていたが下校し、明朝十時に出校するから、そのときに要求するようにつたえた。しかるにこの数十名の学生は学生部を占拠して一般事務を麻ひさせ、夜を徹して九日朝七時ごろまで川又課長ならびに他の二課長の身体を拘束したのである。

ついで九日十時山本学生部長が登校し、全学共闘会議の学生の要求にたいしては、「処分に関し、資料を収集し、これにもとづいて事実の認定をし、決定を下すのは各教授会であるから、説明を求め、異議を申立てる場合には、被処分者、あるいは被処分者の所属する自治会が文書をもって、それぞれの教授会に提出する」ことをその基本手続として指摘した。大学側は処分にたいする疑義の提出そのものを拒否しているのではなく、疑義提出の当然の手続をふむことを提起したのである。しかしながら、全学共闘会議の学生はそれを無視して、学生部長にたいする拘束を開始した。ことに夜にいたって、学生部長、それに立会った数名の学生厚生補導委員にたいする身体の拘束が強化され、手洗いも監視づきとなり、かつ聞くにたえないような罵声をつづけたのである。翌十日十時四十分ごろ、学生部長は総長・学部長に「共闘会議」の申入書を伝達するということで、ようやく身体の自由をもつことができたが、この間、実に二十四時間半の長きにわたっているのである。

学部長会議は、山本学生部長によって伝えられた総長・学部長との大衆「団交」という学生の要求にたいして、処分問題取扱いの基本手続を確認し、取極めにしたがってこの旨を学生部長が夕方六時に共闘会議に回答した。しかし学生部を占拠した学生集団の行動は当夜さらに過激化し、多数の外部学生も入りこんだ。そして学生証の提出を求めた厚生補導委員を集団内にひきずりこもうとしたり、学生部長の身体に頻繁に手をかけるようになった。不測の事態をおそれて待機した教授団の制止が辛うじて暴行を阻止してきたのが事実である。

学生部長も再度の徹夜で疲労の度を加えていたが、医師の派遣も拒否され、十一日早朝四時にようやく診断を求めることができた。また、外部学生を含む一部学生は、ヘルメット、棍棒で武装するとともに、玄関に学生控室の机をもちだしてバリケードさえもきずくに至った。これはもはや正常な学生運動の姿ではないことはあきらかであろう。こうして当夜も学生部長の身体の拘束は十五時間におよび、山本学生部長は翌十二日五五年館前での屋外集会に十二時から一時まで出席することを約束することになった。

十二日は雨のため、「全学共闘会議」の屋外集会は五一一番教室に変更され、学生課長とともに学生部長は処分問題の基本手続をくりかえして説明した。午後一時までの約束の時間もすぎ、また次の授業への支障をきたさないため、学生部長は退席の意志表示をしたが、ここで三度目の学生部長の身体拘束が開始されるとともに、集会は講義を妨害して不法なかたちで続行された。講義担当教授の登擅は阻止され、五一一番教室の無線マイクはひきちぎられた。集会中止を勧告した校内放送も学生部放送室へ学生がおしいり阻止された。医師は長時間の拘束による疲労の結果について責任をもてないと大学に通告をしていたが、食事・用便も禁止されて学生部長の顔色は土気色となり衰弱は亢進していった。この間、医師の派遣はくりかえし実力で阻止された。

深夜十一時ごろ突然学生は右のような身心消耗の極にある学生部長、学生課長を強制的にまきこんで校内デモを開始し、教授室横の第三会議室を占拠し、両名を外から監視しえぬ密室状態で監禁するにいたった。それは総長との「団交」要求をこうした人権無視の「人質」によって強要しようとする意図のもとになされたものである。しかも、ヘルメット、棍棒、さらに石、牛乳ビン、消火器をもちこみ、学生ホールの机も防壁用に使用した。大学はこのような全学共闘会議の暴力化した行動によって、このとき遂に容易ならぬ事態に追いこまれたのである。教職員による救出は、「武装」した学生集団の前に不可能となり、ここに大学自治は限界にたつことになった。大学はこの事態の自力解決のために学生の要求をいれて、総長・学部長との会見を承認したのである。午前四時ごろ学生部長、学生課長両名は延々十六時間の拘束ののち、診療所に衰弱した身体をようやく横たえることができた。

十三日、教授団は一時からの総長・学部長会見を予定して五一一番教室に入って着席した。この日の混乱は着席した教授が一部学生の組織的暴力によって室外においだされたことからはじまった。一方十二時三十分から教授団の着席場所、会見の時間などの条件をめぐって交渉がつづけられたがまとまらず、このため開催が遅延するにいたった。四時すぎ始まった会見は開催遅延の責任を大学にみとめさせることにはじまったが、大学はこれを上記の理由によって拒み、処分問題については、基本手続を説明した。しかし、ついに十一時すぎ、教職員の制止をおし切り、総長はじめ各学部長を暴力的に教授室に拉致して前夜とおなじく不法監禁し、またバリケードきずきがはじまった。ことここに及んで大学は戦後はじめてみずからの意志によって警察にたいして万やむを得ず救出を要請した。十四日一時四十分ごろ、全員が救出され、二八五名の逮捕という悲劇的事態となったが、大学の意図はあくまでも総長・学部長の救出にあったことはあらためて言うまでもない。なおこの二八五名中十六日現在氏名の判明したところでは法大生一四一名のほか、学外者二七名がいたことを留意すべきであり、また不明のうちかなりの人数は学外者であると考えられる。

しかも逮捕された法大生すべてがこの事態に責任をもつものではないのであるから、ここにその指導者の責任をつよく糾弾しなければならない。また総長は救出後著しい心身の打撃のため入院するのやむなきにいたった。

総長・学部長が救出された十四日の午後、川又学生課長がふたたび外部学生を中心とする五十五年館前屋外集会に拉致され、また説得・救出にむかった、下森法学部助教授も威圧的にとりかこまれ、ことに下森助教授は周知のごとく、総長・学務理事の十八日集会出席が取極められる十五日午後八時ごろまで教職員食堂に拘束状態におかれたのである。

以上が今日までの経過である。現在、大学の自治と自由は危機に立っている。大学はこのような重大事態の原因について深く反省するとともに、事態を率直に諸君に訴え、自由の学園法政大学の輝かしい伝統の擁護を厳粛に誓うものである。

大学の自治は教授・職員のみならず、学生の理性、なかんずく学生の自治によってささえられなければならない。学生自治は大学の自治の不可欠で本質的な構成部分であり、学生自治の破綻は大学の自治の崩壊へと必然的につらなるものである。

学生諸君、その責任の重大性を自覚し、学生諸君の奮起を切に要望するものである。

昭和四十二年九月十八日

法政大学

大学の危機に際し
学生諸君に訴える

法政大学　法学部長　倉橋　文雄
文学部長　岡本　成蹊
経済学部長　大島　清
工学部長　安達　遂
社会学部長　栢野　晴夫
経営学部長　今井　則義
第一教養部長　本田弥太郎
第二教養部長　川村　義雄

一、去る九月八日学生処分を契機に発生した学園の紛争は、ついに警察官導入という重大事態に発展し、その後今日まで事態は憂慮すべき状態の下に推移して来た。われわれは、大学内の問題を解決するために学外の力を導入するということは、大学自治の原則からして極めて重大な意味をもち、それ自体としては甚だ遺憾なことであると考えている。しかし九月八日以後九月十三日にいたる切迫した事態、ことに十四日未明におけるあの緊迫した事態において、大学当局のとった警察官導入の措置は、総長ならびに七学部長の生命を守るためにとられた最後の、万やむをえざる措置であったと考えている。

言うまでもなく、学問の独立と大学の自治を守るためには、一切の外部的勢力の学内侵入に断乎として反対すべきである。しかしこの原則も、人命尊重という人道的見地から例外的には破らざるをえない事態においつめられた大学当局の立場も十分に諒解する必要がある。

学生諸君においても、大学当局の立場とそのとった措置、およびこの問題についてのわれわれ学部長の見解を諒解していただきたい。

二、今回の学生処分については、六月十三日および二十四日における暴力事件・集団衝突事件における一部学生の責任を追及したもので、その処分は各教授会において慎重審議を経て決定されたものである。その処分理由等について質問があれば、本人および各学部自治会代表から正式手続をもって当該学部長に申出でがあり次第学部長は積極的にこれに応ずることになっている。このことは学生部長を通じて、くりかえし学生諸君に伝えられたところである。学部長はつねに学生との対話の窓口を開き、冷静に、民主的に学生諸君に事情を説明するという態度をくずしたことは全く無いことを承知していただきたい。

三、さて、危機に立つわが法政大学にとって当面する最大の課題は何か。言うまでもない。一部学生の暴力的行為によって乱された学内秩序を平常にもどし確立すること——これである。大学は事件発生以来今日まで、一日も休校することなく、平常通り講義をおこない、また学部の前期試験、大学院の入学試験も予定通り実施する。学生諸君は冷静に大学の指示にしたがって行動していただきたい。

乱された学園の秩序を回復し、わが法政大学を真に学問と教育の場として再建するものは、結局において教職員と全学生との協力一致体制の確保であり、ことに良識ある学生諸君の積極的な平和的、民主的行動であると考える。われわれは毅然たる態度をとって学園の秩序回復に努力しつつある。諸君の協力を期待してやまない。

四、総長は目下入院中であるが、健康の回復を待って学生諸君の前に立ち、事件の経過と本質、今後の大学再建の方策、将来の展望等につき所見を述べられるであろう。われわれ学部長も、この事態の解決について今日ただいまでも一般的に諸君に直接話しかけたいと思っているが、多数の集会から混乱をひきおこす危険をなお多分にはらんでいる現状では、即時これを実行することが困難である。しかしわれわれは平静な話し合いの可能な条件を出来るかぎり早くととのえた上で諸君と親しく話し合うよう努力している。

学生諸君。学部長ならびに教授会を信頼して、最後まで冷静に、平和的に、民主的に行動して暴力行為の排除と追放、学園秩序の回復に協力一致されるよう、強く訴えるものである。

一九六七年九月二十一日

――学生側（三派系）――

機動隊導入を弾劾し処分撤回を要求する

処分撤回全学共闘会議

全法政の学友諸君！　我々不当処分撤回全学共闘会議は渡辺総長との団交を行なうにあたって、団交の意義と方向性を明らかにし、全学友に団交参加を呼びかける。

我々がまず第一に確認すべきことは、総長団交が今日に至ってようやく実現したことに重大な問題が含まれていることである。十三日の団交を実現するために、八日から四日間も学生部に坐りこみ続けなければならなかったし、二百八十五人の犠牲者を出すことも辞さなかったし、下森助教授との二十五時間にわたる話し合いまで必要としたのであった。そしてその〝万里の長城〟の厚い壁は学生の固い団結によって闘い抜く以外微動だもしなかったのだ。我々が本日迎えた総長団交は我々学生の、文字通り血と汗と団結の成果であることを確認せねばならない。

第二に確認すべきことは、本日の団交の第一の課題がまさに機動隊導入の責任を追及して当局の自己批判を実現することにあるのだ。わずか三時間の団交、それも処分に関する討議にも入らなかった時点でそれ以上の話し合いを拒否し、それを国家権力＝機動隊の暴力によって抑圧することが十三日の団交の真の姿である。我々は全人間性をかけて大学当局に自己批判を要求せねばならぬ。

第三に我々が課題とせねばならないことは処分の白紙撤回をかちとることにある。大学当局が「学内秩序を守り、暴力行為を認めない」という形で、その本質を隠してしまっているが、実は、法学部自治会、第二教養部自治会の問題は学生自治の原則を我々全学共闘会議が貫徹しようとしたことと民青および大学当局がそれを否定することとの対立である。我々は、大学当局がとっている学生自治否定の方向性を決して認めることはできないし、この問題の解決は処分を粉砕し自治原則点をどこまでも確認して行くことにある。

以上の点を原則としつつ、我々は総長との団交を最後まで貫徹することを全学友に提起したい。

昭和四十二年九月十八日

（『法政大学新聞』より）

——学生側（民青系）——

一部学生集団の暴力追放
大学の自治を守ろう！

全学連中央執行委員会

法政大学の学生、教職員のみなさん。

一部暴力学生集団の勝手気ままな、あいつぐ暴力、挑発活動と、それを口実とした機動隊導入によって、大学の自治と学園の民主主義は次ぎ次ぎとふみにじられ、教職員と学生が数十年にわたってきずきあげてきた法政大学の民主的な伝統、大学の自治と学問の自由の砦としての法政大学は、いまや重大な危機に直面しています。

九月十三日、一部の暴力的学生集団は民主的な討論を何ら保障することもなく、団交の名をかりて総長を長時間にわたって監禁し、反動勢力に機動隊を導入する口実を与えてきました。大学の自治を踏みにじり、学園に乱入した機動隊は権力むき出しの弾圧を加え、二百八十余名の学生を検挙しました。私たちはこの暴挙を絶対に許すことはできません。同時に、戦後大学史上空前の異常な事態をひきおこした一部暴力学生集団の重大な責任を断固として糾弾するものです。

一部暴力学生集団は、その後も下森助教授に対し、拷問まがいの〝つるしあげ〟を行なうなど、主として肉体的苦痛を与えることによって「処分撤回闘争」を進めるなど民主的な学生運動とはまったくあいいれない行為を働いています。しかも、こうした戦術は広汎な学生の知らないうちに、自治会の機関にもかけられずに「決定」され、他大学から多数の職業的暴力学生をかき集めて行われているのです。

法政大学の全ての学生と教職員のみなさん。

一部の学生集団のこうした行為を放置しておくならば、法政大学はもちろん、全国の大学で大学の自治と学問の自由は重大な損害をこうむることになります。現に佐藤首相は、私学の管理をつよめるよう文部省に指示しています。

法政大学の発展を願うすべての皆さん。

一部暴力学生集団が学内に巣くっているかぎり、法政大学の民主的発展はありえません。彼らを学内から一刻も早く追放することがいま最も緊急な課題となっています。全学連中央執行委員会は、皆さんとともに大学の自治のために最後までたたかうことを誓い、次のことを提起します。

すべてのクラス、サークルから断固たる糾弾の決議をあげよう。

徹底して彼らの責任を追及し、自己批判を求めよう。

暴力に加担したすべての自治委員を罷免し、一人のこらず法政大学から追放しよう。

機動隊学内乱入に反対し、大学の自治を守ろう。

学生、教職員は一体となって大学の自治のためにたたかおう。

昭和四十二年九月十八日

（配布ビラより）

（中央公論昭和四二年一二月号）

3　大学危機をめぐる若干の体験的感想と提言

――危機克服の基本的方途と紛争解決の当面の方途――

（一九六八年）

一　大学の危機が叫ばれるようになって以来すでに久しい。そして、ここ一年数カ月来の「スチューデント・パワー」によって現出された状況は、大学危機の実相をまざまざ白日の下にさらけだし、それが大学の崩壊すらもたらしかねない根深い問題であることを人々に明確に認識させた。大学の危機は、当初、マスプロ化に伴う教育危機と授業料値上げ問題に示された財政危機とに象徴された私学危機の形で現象化したが、それは今日、学生運動の高揚を媒体として、私学に比し比較的研究・教育条件に恵まれている国立大学にも波及し、これら大学も危機の例外ではないことを明らかにし、今やそれは全大学規模における危機として現象化しているといっても過言ではあるまい。さらにいえば「それが日本をこえた世界的規模の『変ぼう』という巨大な現代的課題の一環」（森有正氏）となっているといってもよかろう。

かかる大学危機の根源は何か。また、学生をしてかくまでもすさまじい闘争にかりたてるものは何か。そして、大学危機克服の方途はいかにあるべきか。大学危機の進行とその顕現化にともない、大学問題は多くの識者、専門家によって論ぜられ、論点はほぼでそろったといってもいいほどである。今や大学人がなすべきことは、これらの論議のうえにたって、あるいはこれらを参照しさらに深めつつ、各大学の場において、それぞれのおかれた状況に即応した大学改革等を具体的に練りあげ、その実現のための運動を着実に展開してゆくことであろう。そして、その結論を運動の中でできた問題をもちより討議し、実践に移す横断的な大学改革運動の組織作りと運動の展開が必要と思われる。にもかかわらず、マスコミにおける論議の華やかさの割りには大学人による実際の改革運動の展開は当面の紛争解決に追われるばかりで、それ以上には遅々として進行していないようにも思われる。とかく行動性を欠く大学人の体質的欠陥の克服がまずなされない限り、大学危機の克服は不可能であろう。

それはともかく、一私立大学の場において、大学危機克服のために、改革運動展開のための組織作りを試み、解決の方途を日常的に模索している一大学人として、与えられたこの機会に、現在の大学危機をめぐって若干の体験的感想と提言を述べ、志を同じくする大学人に訴えるとともに、それぞれの大学における経験の御教示を期待する次第である。

二　私の体験的感想では、大学危機克服にとりくむにあたっては、学生運動間の対立や政治活動をめぐる紛争と学園紛争とは一応きりはなして考えるべきであり、そのうえでさらに両者の競合問題と取り組むのが有用であると考える。前者の問題は、広く社会的規模さらには世界的規模の問題と連なる問題であり、大学人のみの手によって解決できる問題ではない。しかし、後者の問題はまさに大学問題であり、窮極的には国家の大学政策更には教育政策の問題に連なるとしても、また、世界的に共通の問題はかかえているとしても、その解決については、まず大学人が責任を負っているのであり、大学人が自ら勇気をもって解決に立ち向かわない限り、真の解決はありえないことはいうまでもない。

つぎに、学園紛争は、すでに多くの論者によって指摘されているように基本的には、今日の大学がもつ体質的欠陥に根ざすものであることの認識が必要である。このことが、学生運動の高揚（あるいは派閥対立をめぐる競争の結果からする闘争激化）を媒体として、学生全体を紛争にまきこむ素地を形作っているのであり、この問題への取組みなくしては学園紛争の基本的解決はなく、また常に学園紛争の火種が温存されているものといえる。また、この問題の解決こそが、学生運動の暴力化、あるいは暴力流行化による大学危機克服の基本策でもある、と私は考える。

学生の政治運動の暴力化に伴う大学危機、今日の大学のかかえている体質的欠陥に根ざす学園紛争による大学危機のほかに、特殊私学の問題としては財政危機による大学危機の問題がある。この問題は窮極的には私学に対する国庫助成による解決しか決め手はなく、これは国家の大学政策に連なる問題である。

私は、今日の日本の大学危機の根本原因としては、大きくわけて右の三種のものがあげられると考えるが、本稿では、第二の問題を中心に危機克服の基本的方途と紛争解決の当面の方途について、若干の感想と提言とを述べてみたい。第一、第三のものが重要性においておとるからではなく、それらの問題は一民法解釈学者にすぎない私の手にあまる問題だからである。

(1)　大学危機克服の基本的方途

一　先に述べたように、大学紛争の多くが、今日の大学がもつ体質的欠陥に根ざしている以上、大学紛争解決の基本が右の体質的欠陥の克服にあることはいうまでもない。ところが、言論による行動は別として、自己の大学の実際的改革については、なかなかに腰の重い大学人の常として、観念的にはわかっていても、この点への取組みはなかなかエンジンがかからず、そのうち大学紛争が起こってしまって、いまさらながら欠陥の深刻さを味わわせられるのが実際である。そして、当面の紛争を解決することに全精力をつかいはたし、紛争が一段落つくと、疲労困憊してしまって基本策への取組みが不十分のままに終わる危険も多分にある。だから、紛争が起こってしまってからでは遅いのである。現に紛争のない大学では、今のうちに、大学の体質改善に取り組み、学生の要求を先取りした大学づくりを、まず大学教員のイニシアチブの下になすことが必要である。そして、そのためには、改革運動への意慾と適応性をもつ若手教員の奮起がなによりもまず必要である。

二　若手教員を中心とする大学改革運動の具体例は立命館大学における先進的な成果をはじめとし、いくつかの例が存在するが、ここでは、私の勤務する法政大学でわれわれが展開した運動を参考までに紹介しそれを通して危機克服の基本策を考えてみたい（すでにその一端は本誌ジュリスト三六八号（昭和四二・四・一五）で紹介したことがある）。戦前からの私立大学の中では、もともと財政的規模が貧弱であり、研究体制も劣悪であった法政は、戦災によってその僅かな施設まで廃虚に帰し、戦後いわば新たにつくられたといってよい大学である。そして、戦後の大学再建は、野上・大内両総長の下で、まず大学教員集めと、校舎作りではじめられた。しかし、校舎建設の最優先政策は教職員の低賃金政策を伴ったために、インフレの進行にともなう生活苦から、教職員組合の奮起をもたらし、戦後社会一般の民主化・組合運動の高揚を背景に、大学内部の民主化・生活条件の向上がかちとられていった。その過程の中で、多くの経理上の不正があきらかとなり、経理の近代化、合理化が進められた。そして、賃金その他生活条件の向上が一段落ついたところで眼についたのは、研究体制の不備とマスプロ化に伴う教育体制の危機であった。ベア闘争一点張りの組合運動への反省も生まれ、やがて、主として三〇代の若手教員の間にこの問題に積極的に取り組もうという機運が生じて、これが法政大学研究・教育体制懇話会という全学的な横断的組織に結実した。

この会は一九六三年一〇月に発足したから今年でちょうど満五年を経たことになる。最初の仕事は、大学の場での研究条件のあまりの不備にふんまんにたえず、教員を対象に研究条件についてのアンケート調査を行ない、これを基にして、研究条件の劣悪さに対する告発の筆をとり、研究条件白書にまとめて研究体制の向上を広く学内世論に訴えた。その過程の中で月一回の懇話会をもちつつ、大学問題一般の検討・研究を進めていった。他方、各会員はそれぞれの教授会の場において、さらには組合活動を通じて、学部相互に連絡をとりつつ、研究条件向上の実践運動を進めてゆき、個人研究費や資料室費の新設・増額その他について一定の成果をあげた。また、資料室・図書館連絡会議などをひらいて日常的に資料の整備や研究者へのサーヴィス体制の充実を工夫し、さらに図書館・研究室建設の青写真などを積極的につくって、理事会などに建設促進を働きかけた。

ついで、懇話会は教育問題に取り組み、全学的に三年を中心とする約一、〇〇〇名の学生を対象として教育条件問題に関するアンケート調査を行ない、これを教育条件白書にまとめあげて、教育危機の実態につき学内の認識を深める点で一役買った。この調査は、統計学者、心理学者、工学部の電子計算センターの協力がわりとうまくいって、かなり良い調査ができ、いろいろな問題点が明確になった。この調査の結果、われわれの想像以上に、現代の大学教育に対する学生の不満度が強いことをあらためて知らされ、教育体制の改革への本格的取組みの必要性を強く感じさせられるとともに、学生の意見・希望を知ることに従来の大学があまりにも努力をしていなかったことへの強い反省を感じさせられた。マスプロ化した現代の大学においては、ゼミ学生などのわれわれの身近な学生との個別的接触による学生の意見や希望の汲み上げのみでは、十分な改革案の樹立は難しい。定期的、全体的なアンケート調査方式等による学生の意見・希望の汲み上げの制度を作ることの必要性と有用性とをここでとくに強調しておきたい。大学運営への学生参加の問題およびその方式が最近注目を集めているが、まず、この程度のことから進めてゆくのが先決であろう。この程度のことすら行なわれていないのが多くの大学の実状であり、この程度の調査をして、その結果を参考にして改革を進めてゆくだけでも、学生の不満にかなり応じるうると私は考える。

それはさておき、われわれは、この調査の結果をもとにして、新制大学における教育のあり方、専門教育と教養教育との関係、語学教育のあり方等々を、会員相互の間で検討し、それを各学部にもちかえって従来から進められていた各学部での教育体制改革に役立てた。法学部の例については、本誌ですでに紹介したのでそれを参照していただきたい（拙稿「法政大学法学部・現行カリキュラムの検討過程と将来への展望」、座談会「法学教育のあり方とその改善」ジュリスト三六八号所収）。

懇話会は、昨年夏、右二つの白書を足場にして、さらに問題点を煮つめ、法政大学の研究・教育体制全般にわたる現状分析とそれに基づく具体的改革案をまとめ、これを白書第三集「法政大学の研究と教育」と題してタイプ印刷で出版した。次にこの具体的改革案の骨子を紹介しよう。

三　この白書の第三章、「われわれの提言」は、改革のための基本的姿勢を次のように述べる。

「一　提言にあたっての基本的姿勢

これまで多くの大学論の論者によって指摘されてきたように、いろいろな意味で今日の大学は質的変貌をとげている。大学の社会的地位の相対的低下、研究と教育の分離化現象、学生気質の変化、大学の大衆教育機関化現象等々。戦前の古き良き大学理念をもってするかぎり、それはもはや大学の名を冠するに値しないものとなってしまったともいえよう。しかし、このことを嘆こうと嘆くまいと、大学の変貌は事実であり、われわれの眼前には、大学はその変貌した姿で横たわっている。単に現在を非難するためだけであれば、一部の大学論者のごとく、過去の理念をあてはめてそれとの差異を指摘すればことたりる。

しかし、明日に生き、明日を作らねばならぬわれわれの世代の出発点は現在である。そして、われわれがそこをわれわれの日常的研究・教育活動の場として選択した大学、それゆえにその運営に責任をもたねばならず、また、われわれの努力によっては新たな建設も可能である大学に籍をおきながら、その荒廃現象を、傍観者的・高揚的見地からの評論の対象とするにとどまるような態度は、少なくともわれわれの世代の大学人としては無責任以外の何物でもない。今日の大学を、とくに私学を建て直すためには、今日の大学がおかれている状況そのものを事実として客観的に眺め、そのうえにたって今後の対策をたてるのでなければなるまい。過去をふりかえることに意義があるとすれば、それは大学が歩んできた過程をあとづけることにより、未来への発展の手がかりを求めるという点にのみある。

このような見地から、われわれはこの章に至るまで、今日の法政大学がおかれている状況をいくつかの角度から、客観的資料にもとづいて分析してきた。そして、われわれの大学が研究・教育画面にわたってはなはだ憂うべき状態にあることを明らかにした。かかる状態が生み出された原因は何か。ひとつには、これまでの大学運営が、多くの点で文部行政およびその背後にある産業界の意向を既定の事実としてうけいれ、その枠内で、いわば最少抵抗線に沿っておこなわれてきたことにあるともいえよう。この自主的な教学計画を欠いた大学運営がもたらした危機とならんで、今や私学には、財政危機が深く静かにしのびよりつつあることも、すでに明らかにしたとおりである。

戦後二〇年、われわれは進歩と自由をめざす研究と教育の殿堂を作りあぐべく、共通の志をもっておのずと集まり、一つの学風を作りあげたとはいえ、その体制には深い欠陥がいくつかみられ、財政危機の進行は、ようやくにして辿りつき、築いてきた足場まで一挙に押し潰そうとしている。体制の建直し、未来への発展のために、いまほど全法政人の力の結集が必要とされている時はあるまい。ところで、われわれは、この大学改革の運動を進める場合に基本方針として三つの点が重要であると考える。それを一言にしていうとこうである。

大学の改革は、㈠実現すべき理念の探求を伴わざる限り、盲目であり、㈡学問的練磨を目指さざる限り、無力であり、㈢社会の要望との関係を考慮しない限り、空虚である、と。この三者は、相互に密接な関連をもつ。つまり、改革を進めるにあたってはまず第一に大学、とくに私学においては、そのレーゾン・デートルである建学の精神への絶えざる問いかけとその再検討とが必要である。そうでなければわれわれは進むべき進路を見失うであろう。そして第二に、大学は、旧制・新制、国立・私立のいかんを問わず、何よりもまず創造的学問の場であるがゆえに、その改革は、研究・教育両面における学問的練磨・向上を目指すものでない限り、無力かつ無意味である。第三に、大学もまた一つの歴史的社会的存在である以上、現代社会の大学に対する要望と大学改革運動とは無縁ではありえない。社会が大学の学問に何を期待し、大学教育に何を期待しているか。そしてわれわれはそれをどううけとめ、どう応ずるか。この点の検討を欠く限り、現代における大学の改革運動は空虚である。」

四　白書は、大学改革運動に対する基本的姿勢を右のように宣言したうえで、さらに、特殊法政大学の場における改革等を提言するにあたって、その前提とした諸条件と改革の視覚を次のように述べる。

「㈡　提言の背景とその分析視角

今日の法政大学がおかれている状況については、これまでの章で詳しくみてきたとおりであるが、その結果をもう一度要約して、改善のための基本的問題点のいくつかを指摘し、提言の背景を明らかにしておこう。まず、今日のわが法政大学は、新制大学であり、また財政上マスプロ教育を余儀なくされている私学である。そして、総合大学とはいえ全体的にみて社会科学系学部の比重が強い大学であって、経営学部・社会学部のように既存の法学部・経済学部と類似した性格の学部をもつ大学という特色がある。さらに、大私学の中では、法政は、戦前から財政規模が貧弱であり、かつ戦災によって校舎その他に大きな被害をうけ、いわば戦後に新たに作りあげられ、しかもその規模が急激な膨張をとげた大学である。大学のかかる特色は、大学の改革・改善をはかるうえで次のような問題を提起している。

第一に、大学の変貌、つまり、新制大学であり、かつマスプロ大学であることとの結果、教育面では大衆教育機関化傾向が顕著であること。また他方において、研究水準の高度化・学問領域の拡大化とあいまって、今日の研究水準・学問領域をそのまま教育（講義）水準および領域とすることが困難となりつつあり、両者のバランスのとり方がむつかしくなっている。また、一般教養教育の重視、大学の市民への解放をその一つの使命とする新制大学、とくに私学においては、旧来のアカデミズムのあり方とは異なった新しい方向の模索が必要である。かくて、たとえば、教授は研究だけに没頭し、その成果を学生の理解力におかまいなくしゃべる。そして学生もどうにかそれについてゆけた在来の体制は、今日そのままには維持できず、また維持すべきでもない。しかし、他方において、大学が創造的学問の場である以上、教育面にのみ没頭するのも正道でない。かくて、研究と教育との新しい均衡、新しいアカデミズムの形成、これがわれわれの克服すべき第一の課題である。

第二に、とくに教育体制面では、なによりもまず、(1) マスプロ教育の弊害、(2) 一般教養教育の不徹底、(3) 一般教養教育・専門教育・大学院教育の有機的関連づけの問題が解決をわれわれに迫っている。(4) また、施設の点では、とくに図書館の不備、ゼミナール教室の不足が目だつ。

第三に、研究体制面では、(1) 何よりもまず、大学の場における研究体制作り、研究者養成体制の不備が解決すべき問題である。ほとんどを外来講師に依存していた戦前の法政ならいざ知らず、多くの専任教員をかかえ、今後もその充実をはかるうえにおいて、大学の場における研究体制作りの必要なことはいまさら説くまでもないことである。(2) つぎに、学部体制と研究体制の関連づけの問題がある。すなわち、従来の学部は、教育の単位であると同時に研究の単位でもあり、それでなんら不都合はなかった。しかし、経営学部、社会学部といった新しい学部を作り、さらに教養部につき横割体制をとっている法政の場合、学部は研究の単位としての重要性を失い、新しい研究単位あるいは体制作りの必要に迫られている。そして、在来の学部の垣根をとりはらった研究体制作りは、新しい学問領域の開発、発展にとっても大いに有用であろう。(3) さらにまた、その他の研究条件面でも多くの問題がある。たとえば、マスプロの昼間部のほかに、夜学や通信教育部までかかえているのに専任教員数が少なく、講義の負担や講義外の各種委員会等の負担が国立大学等に比べてはるかに多く、研究時間にそれだけしわ寄せがきていること。また、待遇の点では、その負担を考慮にいれると、国立大学に比べ相対的にも絶対的にも劣悪である。

第四に、大学の管理・運営体制の面では、戦後の大学の急激な膨張に諸制度や設備の整備が追いつけず、随所に不備が目立ち、合理的・民主的な体制作りの必要性に迫られている。

第五に、これらすべての問題の解決に必要な財政の問題、とくにその危機との対決の問題。

このように、問題は多様かつ複雑であるが、これらの問題整理のための分析視覚として、われわれが留意した視覚は次のとおりである。第一に、『人』の問題。ここでは大学の構成員である教員・職員・学生の三者が問題となる。第二に、『物』の問題。施設、設備、財政がここに含まれる。第三に、

『組織あるいは制度』の問題。ここでは、研究体制、教育体制、管理・運営体制が問題となる。」（以上の白書の「提言」序説の文責者は下森）

五　右のような基本的姿勢と分析視覚に立脚して、われわれは具体的改革案を展開した。その骨子のみを紹介すると次のとおりである（詳しい内容は白書を参照していただきたい）。

A　教育体制の改善について

(1)　われわれの教育理念

(イ) 小さくとも「社会に一石一木を加える」有用な人物・独立自由な人格の育成。

(ロ) そのために必要な三つの資質、すなわち、広い全体的視野、社会や人間性への熱い関心、鋭い批判的精神と、一定水準の学力をつけること。

(2)　教育課程の改革および教育内容の充実

ここでは四年制教育全体を高度に教養化することをねらいとし、そのために学部縦割制の採用、カリキュラムの有機的再編成、語学教育の再検討などについて提言。

(3)　マス・プロ教育の弊害是正

教育的見地からする学部適正規模の確定を主張し、(イ)一学部あたりの学生数減少、(ロ)教員数の増加、(ハ)それにみあった教育施設の拡充・教育方法の整備（ゼミなど）を具体的数字をあげて提言。学生全員を小クラスのゼミに収容するという前提で立案。

(4)　入学および進級制度の改善

(5)　教育施設の拡充

(イ)学生会館の建設、(ロ)図書館建設、(ハ)学生全体が現実に運動のできる場の設置、(ニ)教室建設、(ホ)学生寮の拡充、(ヘ)学内奨学金制度の大幅拡充などにつき具体的に問題点を指摘して提言。

(6)　キャンパス移転方針の検討

現在のキャンパスの絶対的狭隘さから、移転の可能性の検討の必要性を提言。

B　研究体制の改善について

(1)　研究者の待遇改善

(イ)給与の増額、時間給講師の給与改善、(ロ)研究費、研究助成金制度の増額ないしは創設、(ハ)研究時間の保障、(ニ)学会出張費の増額、(ホ)国内・国外留学制度の改善、(ヘ)私立大学研究設備助成金制度の拡充などにつき、具体的な改革案を提言するとともに、他方、(ト)大学教員の職業倫理の向上、厳格な自己規制の必要を主張。

(2)　研究施設の整備

(イ)研究施設の建築、(ロ)施設内容の整備——有機的関連性をもった図書館、研究室、資料室の建設具体案を提言。

(3)　研究組織の改善

(イ)研究所の創設と独自の研究活動の展開と確立の方途の模索。ここでは、さらに大学の研究体制は研究所中心に統合し、学部は教育体制の組織とするという、研究と教育の分離と再統合の具体的方式を試案的に提言。

(4)　研究者の養成

C　管理・運営体制の改善について

(1)　明確な教学方針をもつ教授会中心の管理・運営体制の確立

(イ)各学部教授会の研究・教育方針立案決定の主体としての確立、(ロ)大学運営の横断組織である大学協議会（仮称）組織創設の必要性の主張。

(2)　教職員組合の民主的な研究・教育計画推進の活動主体としての発展策

(3)　総長公選制の実現

(4)　大学法人の運営組織である理事会、評議員会構成と選出方法の民主化──私学ではとくにこの問題が重要である──

(5)　事務機構および予算制度の改善

D　まとめ

(1)　公費助成運動の必要性と公費助成の形態について

(2)　諸提言実現の具体的プログラム

(3)　学費値上げ問題に対するわれわれの基本的考え方

六　われわれはこの白書を昨年六月に作りあげ、秋から、この提言の実現に努力すべく、理事会への働きかけ、教授会や組合の場での討議と改革運動の展開、学生への働きかけ、その一策として大学問題に関する教授と学生とのティーチ・インの開催などを予定していた。しかし、不幸にも、学生運動間の対立をめぐって生じた暴力事件に対する大学の処分をめぐり、昨秋、周知のような大紛争が生じ、その対策に全精力を奪われたためわれわれの計画は実現できず、紛争が一応の解決をみた後も、深い疲労があとに残り、またその後も頻発している学生運動間の衝突事件への対策に追われて、この基本策実現への運動の展開は残念ながら進行していない。しかし、近い将来、疲労の回復をまって本格的な取組みにかかりたいと思っているし、また、かからなければならぬところへわれわれは追い詰められるであろう。

今日の時点で、われわれのこの五年間の運動をふりかえってみると、多くの欠点が目立つが、その大なるものは、いわゆる「スチューデント・パワー」によって示された現象の分析不足と学生の大学運営への参加問題の研究不足である。これらはここ一年の間に大きく問題となったものではあるが、われわれの従来の調査からすればある程度予測されたたし、また予測されなければならなかった問題でもある。この点への取組みが今後のわれわれに残された大きな課題である。

また、われわれの大学全体の問題としてみるとき、われわれの大学は大学というにはあまりにも多くの不備をかかえているし、また、大学改革運動は未だ全法政人のものとなるには至っていない。しかし、われわれの運動――それは主として三〇代の一〇数人のものが実際行動の中核となり、その周辺に三、四〇代の二、三〇人のこの問題にある程度の積極的関心を寄せる者が集まった懇話会・研究会形式の運動体で必ずしも実際の改革運動を進めることを目的とする運動体ではなかったが、この程度のものでも、学内世論の喚起には相当の効果をあげえたし、また、われわれの提言が上の世代の協力の下に具体的成長としてみのったものもいくつかある。また学部の垣根を越えて、率直な意見交流を日常的に交わしていたことが、昨秋の紛争解決に全学の意思疎通をはかるうえでかなり役立つという思いがけない副次的効果もあった。また、これまで、主体的に大学改革問題にとりくんできたという自負と経験が、紛争の最中にあって、懇話会のわれわれの仲間が学生の中に飛びこんで、積極的に対話を交わす自信を生み、対話の内容を豊富にするうえで有用であったのも指摘しておきたい事実である。

しかし、われわれの力は今日の大学危機とたちむかうにはあまりにも無力であり、総長を中心とする全法政人（教員、職員、学生）の力の結集なくしては問題の基本的解決はありえないというのが私のいつわらざる感想である。

七　今日の大学危機克服の基本的方途は、以上のごとく、まずもって今日の大学がもつ研究・教育体制あるいは管理・運営体制上の体質的欠陥をいかに克服するかにかかっており、それ以外に即効薬はありえない。もっとも、今日の全世界的規模でひろがるスチューデント・パワーの問題は、大学の研究・教育体制の完備のみによって解決される問題ではない。たとえば、大学財政、研究教育設備、管理機構の効率、教授スタッフと学生の質、どれをとっても、われわれ大学人にとって高嶺の花であるアメリカの、ハーバード大学、カリフォルニヤ大学等々が、学園紛争の主戦場となっていることが雄弁にそのことを物語っている。しかし、「日本の大学が、情報産業時代の中心どころか、そのスラム街化しつつある現状が、日本の学園紛争を、山谷の騒動に近いものにしている」（永井陽之助「柔構造社会における学生の反逆」中央公論学生問題特集号）のが否定できない事実であるとすれば、日本の学園紛争解決の基本的方途としては、われわれが白書「提言」にかかげたような大学改革の基本的姿勢にのっとって、各大学の状況に応じた改革案を練りあげ、それを着実に実行してゆくことが先決であろうと考える。

(2)　学園紛争解決の当面の方途

一　学園紛争解決の当面の方途　　といっても、今日の大学紛争の原因は多種多様であり、したがってまた当面の解決策も、その紛争原因や各大学のおかれた状況によって当然多種多様でありうる。だから、ここでは、私の狭い範囲内での体験を基にして、一般的な解決策として有用と思われるいくつかの論点を思いつくままに指摘するにとどめたい。

二　心構えの問題　　まず、紛争解決にのぞむわれわれ大学人の基本的心構えとしては、現代の学生気質の実態を客観的に把握すること、そして、われわれ自身の大学人としてのあり方に常に厳しい自己批判を加えつつ事に処することの二点が必要と考える。

(イ)　一般にいわれているごとく、そしてわれわれの教育条件白書でも指摘したとおり、今日の学生気質あるいはその実態は旧制大学時代のそれと大きく変わっている。すなわち、高校段階での比較的条件のめぐまれた教育環境の中における、少数教育を通して自我の確立期をすごしてきた者が入学した旧制大学は、いわば基礎教養的知的訓練の終わった均質的な大人からなるコミュニュティであり、またそれは、真理の探求という共同目的で結合された同質的なコミュニュティでもあった。これに対して現代の大学は、長い孤独な受験勉強・○×式教育から解放されたばかりの、したがってまた、人生に対する基本的な疑問と十分に対決するいとまをもちえなかった、しかし肉体的社会的には大人である学生からなるコミュニュティであり、しかもそれは、昭和元禄と呼ばれるほどの平和な現代における、各種情報産業の驚異的発達、高等教育の大衆化を背景に知識、能力、趣味、教養、目的などの点で、まったく異なる雑多な個人と利益集団をかかえこむ集合体である。さらにまた、現代の大学生は、自我の確立と専門知識の習得を僅か四年間（しかも就職の青田刈り現象で実質はさらに短縮）に集中的にすることを余儀なくされておりしかも、マスプロ教育の中でそれをなさねばならぬのであるから、全く多忙かつ不安定な状況におかれているものといえよう。加うるに、外部社会からの刺戟要因はかつてのそれに比べて比較にならぬほど多い現代である。また、戦後の民主教育は、権利意識を目覚めさせる点では大いにその効用を発揮しており、権威主義的、権力主義的態度はもはや通用しない。かくて、過去の大学生に通用した基準をもって現代の学生をながめ、これを批判してみたところで、当面の問題の建設的な解決には一向に役立たない。いや、一般にいわれる学生の知力の低下という点も疑問がないわけではない。戦後の民主化の結果、戦前の大学生が知らなかった、あるいは知らされなかった多くの知識を現代の学生は与えられている。また能力のある学生は結構良く本を読んでもいる。上位から絶対数何千人かをとって比較してみた時、戦前の学生と現代の学生とで、知力、知識の点で格段の差があると果たしていえるのであろうか。問題は、学生数の圧倒的増加のために能力の点で劣る学生が大量に出現したということ、また、学生数の増大にみあう教育条件の整備がなされていないという点にある。そして、これらの点は、現代の学生の責に帰すべきことではなく、むしろそれはそういう状況を作り出した大人の世代に責任があるのではなかろうか。また、家庭教育、入試に歪められた高校までの教育、さらには社会教育の第一義的責任主体は大人の世代であるはずである。学生に厳しさをもってのぞむことはもちろん大切であるが同時にそれは大人の世代の責任の自覚・反省を要求されることでもあることを忘れてはなるまい。

責任の所在の問題はともかくとして、現にわれわれの相対している学生はこのような学生層であるという事実認識を出発点として、対策をたてるのでなければ意味があるまい。

(ロ)　次にまた、われわれ大学人自身の意識の変革も必要である。われわれは既存の大学の権威、学問の権威に安易によりかかり森有正氏のいわれる「夜郎自大」になりすぎているのではあるまいか（朝日新聞一〇月一六日夕刊）。戦後社会は一切の権威の崩壊した社会である。にもかかわらず、大学の権威の崩壊過程が比較的ゆるやかであったためにいまや大学という社会は、現代社会の中でももっとも古い社会の分野に取り残されてしまっているにもかかわらず、このことが認識されるようになったのは比較的新しい。大学教授の地位の絶対的相対的低下にもかかわらず、かつての地位への幻想が（とくに古い世代の大学人に）広く残っているのではあるまいか。また、学問的権威は必ずしも人間的権威を意味しないのに、それが人間的権威として通用した、かつての栄光に惑わされていることはあるまいか。また、学問的権威すら欠けている時はそれは喜劇的というしかない。

(ハ)　もし、今日の学園紛争の中核にある問題が、「人間としての自我の存在証明を確立すべき貴重な青春期を奪われ、過度の技術的知識の強制的押しつけで歪められた人間の反逆である」（永井・前掲論文）とするならば、単なる権威のおしつけ、さらには、専門技術的権威での対応はなんら解決をもたらさず、かえって反発を招くことになりかねまい。なぜならば、彼等の要求は全人間的要求であり、彼等が挑戦しているものは、専門的権威を無視した全人格的権威への挑戦なのであるがゆえに。そうだとすると、専門人たる大学教授にとって全人格的権威を求められることの迷惑さ、しかし、全人格的権威をもって応えねば挑戦へ有効に応戦しえず大学人としての責務を果たせぬこととの二律背反、ここに現代の大学教授の悲劇がある、といえようか。しかし、学問の窮極的目標が全人間的要求に奉仕せんとするものであり、また、現代の大学危機の克服に、全人格的権威が必要である以上、われわれは、専門的権威、既存の権威をかなぐり捨て、裸の人間として対等の人間として学生にたちむかい、その面罵に耐え、専門人としての訓練で体得した、知性、知識、論理、文章力、弁論の全力をもって応戦するほかはあるまい。そしてその闘いの中で新たな権威を獲得し、新たな秩序を形成してゆくほかはあるまい。教育の本質は、本来野性的なるものと知性的なるものとの闘い（ヘレン・ケラーとその家庭教師の闘いを想起せよ）であり、対話の原点は、ほんわかムードの中でのおしゃべりではなく、街頭での荒々しい知的論争による説得＝「折伏」ではなかったか。かくて、教育の原点、対話の原点への復帰こそが、今日のわれわれ大学人にとってもっとも必要なことといえるのではあるまいか。

三　まず自らの姿勢を正すこと

かくのごとくわれわれの闘いが、教育の原点にたちもどった裸の人間同士の間での知的な闘いである以上、相手の暴力に対し、そこでわれわれが用いうる武器は、知性的なるもの、論理的なるものでなければならず、それ以外のものは考えられない。そうだとすると、その武器が有効に機能し、目的を達成しうるためには、まずその武器をもって自らの立場を切ってみる必要がある。自らの立場がその基準からする批判に耐ええないものであれば、それは相手に対して有効に機能しうるはずがない。ここに、知性、論理という武器の特色がある。かくて、かかる場合には、まず、自らの立場をその批判に耐えうる程度に正しておくことが先決といえよう。日大紛争、東大医学部処分問題はそのことの必要性をわれわれに明確に教える。

自らの姿勢が正された時、そこに勇気が生まれる。われわれ大学人には黒を白という勇気はない。しかし、白を白といい、黒を黒という勇気はあるはずであり、それをもたぬ者はそもそも大学人たる資格を欠く。

四　機能的な組織作りの問題

次に必要なことは、学園紛争が右のような意味での一種の「闘い」である以上、それを押し進めてゆくには、それに適した組織体制を組む必要があるということである。学部独立の組織原則は、研究・教育体制の運営に即して作りあげられているものであるがゆえに、その本質上、現代のような全学的学園紛争解決のための組織としては有用でない。それどころか桎梏として機能することすらあることは周知のとおりである。だから、全学的紛争の早期解決のためには、全学の意思を可及的速やかに結集し、明確な方針を決定し、これを実行に移せるような臨時組織を作る工夫が必要である。そらにその人的構成としては、行動性に富む若手教授・助教授陣を中核にするのが有用である。ただし、その組織は、その大筋において全学の意思を真に代表しうるものであり、また、全学の意思を常に代表しうるものでなければ、かえって危険な存在となる。さらにまた、その組織は紛争解決の中核として機能するものであり、またそれにとどまるべきである。その組織のみで解決のすべてを請け負ったり、請け負わしたりすることは不可能である。それは全学の力の結集点であり、牽引車であるにすぎない。そうでなければその組織は真に有効に機能しえないであろう。

五　全学一致体制の必要性

右の点と関連するが、とくに紛争が長びいてきた場合、教員内部の結束をいかにして維持するかが一番重要な問題となる。大学は、さまざまな学問的思想的立場を異にする者の集合体であるから、紛争の解決策についても十人十色の意見があり、議論百出するのは当然である。とくに学生運動内部のうちに対立がある現状況の下では、自己の思想的立場との関係でそれが微妙な影響を及ぼすことがあることは否定できない。しかし、最終的には大学自治を守るという一線で全教員がお互いの立場を尊重しつつ、協力しあうこととまた学生との間に一線を画しさらに、学生運動同士の争いには中立的立場を守ることが必要である。それなくしては紛争の解決は長びくばかりであろう。また、そのためには、時間を十分にかけて徹底的に意見を交換しあうという民主主義の大原則を守る必要がある。ただ、学部内部の結束はそれでもまだ維持しやすいが、問題は学部相互間の意思疎通、全学一致体制の創出・維持をどうするかにある。基本的には、学部長のみならず、一般の教員の間で、日常的な意思疎通ができていることが必要であるというまでもない。しかし、これは大学の規模が大きくなればなるほど難しい問題であるが、たとえば、学部横断的な研究会活動、われわれの大学で組織したような大学問題に関する日常的な懇話会活動、さらには組合活動などがその目的のために有用であろう。さらに、当面の問題としては、前項で述べた組織作りが有用である。学部長会議段階での意思疎通のみでは不十分であり、全学一致の体制作りのスピードはおそい。一般教員段階での学部をこえた横断的な組織作りによる意思疎通が必要である。

六　いわゆる大衆団交について

〝大衆団交〟の名のもとで行なわれる、つるしあげの酷薄さは、紅衛兵の集団的・心理的暴行のそれとともに、しばしば語られているが、大衆団交に固執する学生の心理と論理に関する永井教授の指摘は示唆に富む。すなわち、「ひとは、愛や創造によって魂の救済をなしえないとき、その代用物として、憎悪と破壊の情念に身をやくものであるが、それは、たしかに、過去何十回となく〝サンドイッチ〟とよばれる機動隊のいたぶりと、マス・コミの情報シャワーのマッサージをうけて育ったマクルーハン的人間のもつ、クールな『憎悪の蓄積』を物語るのであろう。

学生が〝大衆団交〟にあれほどまでに固執するふかい感覚的理由は、おそらく、かれらはなによりもテレビ時代に育った触覚的人間だということを離れては考えられない。――『われわれの問題にしているのは学生の主張と教授会の主張の、どちらがより正当であるかを大衆の面前で話合い、決定するということであり、その形式を大衆団交というのだ』(東大医学部学生のアッピール)。そこには一片の告示や、ダイレクト・メールの洪水のなかに埋没する通知書などの印刷物では、人間を信じなくなった、マクルーハン型人間の自己主張がある。かれらは、テレビの写しだす全人格の露出を感覚的にとらえ、判断する習癖を身につけて育ってきたのだ。」（永井・前掲論文）。

「大衆団交」は、きめ細かな論議を必要とする問題などの討議には不向きであり、直接民主制のもつ欠陥がそのままあらわれることは事実である。しかし、当面の学園紛争解決の手段としてこれをみるとき、それは、学生がこれを有用としているかぎり、有用である。また、学園紛争が前述したような意味での一つの「闘い」であるかぎり、その解決のためには、「山場」の設定が必要であり、いくつかの山場を積極的に作っていって、次第に解決の方向へと導いていくことが有用である。そして、その山場の設定方法としては、この「大衆団交」がもっとも有効な手段の一つであることは疑いのないところである。しかし、それはきわめてドラスティックな進行を展開するものであるから、大学側を一挙に窮地におとしいれるおそれのあることは確かである。そして、このことあるがゆえに、学生はこれを闘争のための有効な手段とみているのである。だから、この点への留意は大いに必要であるが、さらにいえば、大衆団交で一挙に大学側が窮地におちいるような問題なら、むしろ大学側に改めるべき点が大いにある問題といえるのではあるまいか。そのような場合であるなら、大学がこれをあらたむるにはばかることがあってはなるまい。それこそ、教育者、大学人としてのとるべき態度ではあるまいか。面子にこだわることは、紛争をますますこじらせる以外の何物をももたらすまい。

また、「大衆団交」は多くの学生の面前でなされるのであるから、他者志向性の強い現代の学生活動家は、一般学生の動向に敏感に気を配るのが常である。だから活動家集団のみにとり囲まれた時とは異なって「ゲバルト」の行使はいきおい制限されることになる。あとは、大学側の姿勢いかんである。私は、大衆団交の場での心構えとして三つの勇気が必要だと考える。第一は、学生の主張に正当性がある時は、それを率直に認める勇気である。第二は、大学側の主張を積極的に展開する勇気である。そして、第三は、学生の行為に不当なゆきすぎがあった時には、返答を拒絶し、沈黙を守る勇気である。とかく、その場のふん囲気におされて、主張すべきことも主張しなくなりがちであるが、それでは一般学生の不信感を助長するのみで「大衆団交」は乗り切れない。

双方の主張にそれぞれの正当性がある場合には、結局は、何度かの交渉を通じての妥協による解決しか道はない。この場合には、大学の主張に理由があることを一般学生に周知せしめる場として「大衆団交」は一片の告示より有効である。

もし、学生活動家の主張に正当性がない、あるいはそれが低い場合には、積極的にその点をつき、それを一般学生に周知せしめる場として「大衆団交」は有用である。活動家は一般学生から浮き上がり、紛争は解決の方向に向かうであろうし、あるいはそれをおそれる活動家は「大衆団交」の要求をしてこなくなるであろう。

いずれにせよ、「大衆団交」を多くの学生が紛争解決のもっとも有効な手段としてもとめているかぎり、大学がこれを避けていたのでは、問題の解決にはほど遠い。ただ、「大衆団交」の有用性と危険性とを十分に認識し、相当な準備と覚悟をしてその場にのぞむ必要があることは、いうまでもない。

七　大学の方針の周知徹底の必要性

今日のマスプロ化した大学では、なかなか、大学や教授会の考え方が学生の間に滲透しにくく、これが学生の不信感を助長していることがしばしばある。大学の方針が決定したら、印刷物・告示・放送・教室その他での討議等あらゆる手段を使って、これを学生に周知させる工夫が必要である。この点、学生活動家の宣伝技術に学ぶべきことが多々あるといっても、それは皮肉ではない。それと関連して重要なことは、紛争中できるだけ休講はしないことである。常にキャンパスに学生があふれている状態にあること、早期解決のためにこれはぜひ必要なことである。

八　機動隊導入問題　大学への機動隊導入の是非の問題については、今日もはや多くを語る必要はない。それがどういう問題を後に残すかは多くの経験の教えるところである。ただ、警察力の使用を私は窮極的に否定するものではない。しかし、それは、誰がみても（とくに学生がみても）、万やむをえないという客観的情勢が明白である時（たとえば生命・身体の危機が差し迫っている時）にかぎり、しかも、教員側がなしうるぎりぎりの努力をしたうえでなければならないと考える。そして、そのような場合でも、なお、導入問題は、あとに問題を残すのであり、その後の処置についても、大学は勇気をもって事後処理にあたるべきである。もしその処理を誤るならば、導入の必要性そのものが疑われ、安易な導入の場合と同様な結果をもたらすであろう。

むすび

論ずべき問題は処分問題の考え方・学生の大学運営参加の方式などまだまだあるが、以上で一応本稿を終わりたい。結局、私の提言は平凡なことを平凡に述べたにすぎないようである。平凡なこと、誰でもがやらなければならないと考えていること、それを着実にやってゆくしかない、というのが私の結論である。

東大教養学部の一教授は、ある週刊誌の中で、「世間は教授に期待しすぎる」とのテーマの下で、大学教授の無力さについてその心情をるる述べられている。同じ大学人の一人として、筆者にもその心情は痛いほど理解できる。にもかかわらず筆者はその結論には賛成できない。大学をここまでの荒廃におとしいれた原因はなにか、そのことについてわれわれには一切の責任がないのか。「彼ら〔大学の教師〕のできるこの最後のもの〔研究〕までシュプレヒコールの怒号のなかで、しだいに不可能となっていく」ことを防ぐためにも、われわれはその無力な力をふるいおこすことが必要ではあるまいか。その意味で、筆者は、「われわれ大学人は、若い世代の挑戦に応え、現代社会の価値体系と構造そのものを、ヒューマンな立場から根底に返って再検討し、変革していく志向と姿勢を、かれらと共に分ちあわないかぎり、世代間の断層と亀裂は、ついにうずまることはないであろう」という永井教授の提言に全面的に賛成したい。そして、このことこそ大学危機克服のためにわれわれがとるべき基本的姿勢でもあろう。

われわれは学生を恐れてはならないし、学生から逃げるべきでもない。活動家の学生といえどもいわゆる一般学生とさほどの差があるわけではない。問題意識が先鋭であり、ゲバルトに走りやすい傾向にあるだけである。どんなに激しく対立していても、徹夜で一晩やりあえば、そこに自ずからヒューマンなものが通ってくるというのが私の体験的感想である。もちろん、それで問題は解決するわけではありえない。それを何度もくりかえすのが実状である。それは「しんどい」、ほんとうにしんどいことではあるが、大学人である以上、そしてその衝にあたる責任がある以上避けて通ることのできない道である。学生を信頼し、われわれの考え方を学生に真っ向から根気よくぶっつけてゆく、その過程の中で学生との連帯感を回復し、大学の自治をそれを通して守ってゆくほか道はない、と私は考える。

最後に、政府の大学政策に一言物申したい。これまでの政府に、果たして大学政策と呼ばれるほどのものがあったのか。無計画な、野放しといってよいほどの大学膨脹策。その結果としての、なんと、一五〇万余の大学生の群。しかも、大学というにはあまりにもお粗末な大学群。研究・教育諸条件の貧困さ。教授陣の絶対的不足。待遇の劣悪さ。その結果たるかけもち、アルバイト教授の出現。熱意の衰退。これでは不満の生じないのがむしろ不思議である。一五〇万余の不満な大学生の群。この数字のもつ意味をわれわれはもう一度噛みしめてみる必要がある。権力的威圧政策で、今日の大学問題、学生問題が解決するはずはない。私学に対する国庫助成の必要性は、本号の尾形論文で詳しく展開されるであろうが、私学危機克服のためには、われわれ私学人の自覚と行動も、もちろん大切であるが、われわれの努力には財政面での限界がある。自衛隊機一機購入の費用を私学にまわすことで、どれだけ私学がそして日本の教育がひいては国民生活が良くなることか。この点の検討を強く自民党政府に要望する。

そして、私学に対する国庫助成運動の強力な展開に、全私学人が結集するよう訴えたい。さらに、大学危機克服のために、大学人の横断的組織作り・経験交流を全大学人に呼びかけたい。

（ジュリスト四一一号三七頁、一九六八年）

4　個性化と多様化

（一九九五年）

戦後五〇年をめぐる論議は大学教育についても盛んである。教育の民主化と機会均等主義を踏まえた単線型の六三三四制の導入と高等教育の量的拡大が戦後教育の特色である。

高度経済成長と国民の教育熱がこれを支えた。マスプロ大学の出現は、知識の客観的、能率的評価を可能とする○×式入試を生み偏差値重視の入試体制が一般化して、知識詰め込み型の画一的教育がはびこった。

今、その反省として大学入試や教育の個性化、多様化が説かれる。その内容として、国際化、情報化、高齢化、地域開発、地球環境、生涯学習等のキーワードが飛び交っている。大学冬の時代への対応等として、国公私立、大都市、地方都市の大学を問わず、全国の大学が一斉にこれらを内容とする学部、学科の創設に向って走り出している実状がある。

これは形を変えた画一主義といえまいか。個性化、多様化の意味について、各大学とも、もう少し考えてみたいものである。

（月刊法令ニュース、平成七年）

5　日本の高等教育の将来構想【講演】

（一九九七年）

今日のわが国はいろいろな点で変換期にあり、教育問題もその一環として多くの識者によって論議され、二一世紀の大学像について、種々の角度から検討されております。私もまた総長在任中、国公私立の各種学長会議その他の会議や日常の大学運営の中でいろいろ考えさせられ、幾つかの論稿も発表していますが、私の見るところ、今日の問題点は大別して三点あると思います。第一は、大学冬の時代といわれる経営危機、第二は、学問の発展や社会状況の変化に対応するための教学改革、第三は、大学における教養教育、人間教育の問題です。本日はこの三つの問題のうち、とくに第一と第三の問題を中心に最近私の考えていることをお話してみたいと思います。

昨年一〇月、大学審議会の「高等教育将来構想部会における審議の概要」が公表されました。その中心問題はいわゆる臨定問題の扱いにあります。臨定問題というのは国公私立大学・短大の臨時入学定員枠をめぐる問題でして、第二次ベビーブームによる受験人口の急増期に、浪人の増加を抑えるために一九八六年度から入学定員枠の拡大が臨時に認められ、受験人口が減少してゆく一九九九年末まではこれを全廃することが決められていました。現在約一一万人の増加枠が認められていますが、其の中の約九割を私学が引き受けております。全入学定員に占める臨定の比率は国公立大が約五％、私学が約二〇％で、私学経営上、たいへん重い比重となっています。臨定にあわせて、大学教員や校舎の増加を行っていますので、当初の計画通り学生定員増加枠を九九年度末で全廃しますと、授業料収入に頼っている日本の私大の経営に与える影響がたいへん大きく、また、合格率が低くなって浪人が増え、大学入学が困難となります。そこで、いろいろ審議を尽くした結果、昨年一〇月に先の「審議の概要」がまとめられ、公表されたのであります。

ここでは、二〇〇〇年度（平成一二年度）から、五年間にわたって、毎年各大学とも段階的に臨時定員を減らし、五割に当たる五万五、〇〇〇人については、二〇〇四年度（平成一六年度）末に、通常定員に組み入れる案が出されています。この問題に関連しまして、学部・学科の新増設をいかに扱うかの問題があり、臨定削減部分を学部・学科の新増設によって吸収し、経営への影響を回避しうるかの問題があります。臨定削減問題は実は大学間に足並みの乱れがあって、少子化時代を迎えとくに経営の厳しくなる地方の中小私学は、大都市の有力私大の臨定削減に肯定的であります。そこで、大学審議会では、少子化時代を考慮し、原則的には抑制策をとりつつ、学問の発展や社会的ニーズに応えるユニークなものには学部・学科の増設を認めること、また地方の大学についてはある程度考慮を払うこと、大学院については原則として抑制策をとらないことなどが、「審議の概要」でまとめられています。このようなことから、今、私学は臨定減に伴う経営危機を乗り切るために、学部・学科の改組・転換によって魅力ある大学作りを行い、臨定減による授業料収入の減少を少しでも防ごうと努力しているところであります。

更に根本的な問題がその先にあります。先にお話しましたように少子化時代を迎えまして、大学への入学年齢である一八歳人口が、平成四年の二〇五万人をピークとして漸次減少の傾向にあり、平成八年には一七三万人、平成二四年には一二〇万人となります。現在の大学入学定員枠は約七〇万人で、これに臨定分約一一万人を加えまして、約八〇万人が実際に大学に入学している人数となります。大学進学率は目下約五〇％で、本人の学力や家計に占める教育費の負担比率からみて、ほぼこれが限界と一般にいわれています。そういたしますと、一五年後の平成二四年には一二〇万人の一八歳人口のうち五〇％の六〇万人が大学進学者となるわけで、現在より二〇万人の減少となります。そこで、この時代になりますと、数字の上では大学進学希望者はどこかの大学に入学が可能となるわけです。もっとも、この時代でも良い大学に入るための競争は依然として残ることになりましょう。他方において、大学にとっては国公私立とも定員割れの大学が多数生じ、大学規模の縮小あるいは倒産する大学が出ることが予想されます。そこで、この点からも、国公私立を問わず、今日、全国の大学はいわば生き残りをかけて魅力ある大学作りに取り組んでいるわけであります。基本的対策としましては、国際化、高齢化、生涯学習といった社会的傾向を受けて、留学生や社会人の受け入れ、大学院の拡充などが一般的に考えられており、現にアメリカにおきましては、こういった対策で大学冬の時代を乗り越えているところであります。

大学にとっての抜本的経営改革は、結局、魅力あるある大学作りであり、その基本として教学改革があることは申すまでもありません。学術研究自体の進展、学際化、総合化に対応するための教学改革、さらには国際化、情報化、雇用環境の変化といった社会状況の変化および産学協同、地域や社会への大学の開放といった社会的ニーズへの対応のための教学改革などなすべきことは多数あります。

とくに欧米先進諸国から学ぶことが少なくなった今日、日本の大学にとって、独創的な研究の展開が必須であり、また国際社会とくにアジア諸国の日本に対する期待もそこにあるはずです。そのためには、大学院の充実が今後最大の課題となります。このことからみますと、日本の大学の将来像として、①研究中心の大学院大学、②大学院を有する大学、③それをもたず主として教育を中心に担当する大学への三分化が予想されます。この過程の進行のなかで、新制大学で大きな比重をしめていました教養教育・一般教育をどう位置付けるか、また、独創性、オリジナリティーを持った人材を育成するためにはどのようなシステムを構築すべきかが、重要な課題となってまいります。

ところで、戦後教育の特色は、教育の民主化と機会均等主義とを踏まえた六三三四制の導入、大学における専門教育と教養教育の併置、高等教育の量的拡大にあります。更に戦前の高等教育システムで見逃せないのは、旧制高校（私学では大学予科）・複数の学部を有する総合大学のほかに、旧制高等専門学校・単科大学が設けられており、いわゆる複線型の教育システムとなっていたことです。戦後の学制改革は、国公私立とも高等教育を単線型のシステムとして構築したところにも、大きな問題があります。戦後五〇年を経た今日、様々な問題が現れ、その反省としてご承知のように大学入試やカリキュラムの個性化、多様化が説かれ、他方で平成三年の大学設置基準の大綱化以来、全国の大学で一般教育の解体化傾向が進んでいます。確かに、一般教育と専門教育との関係をめぐって戦後の新制大学がいろいろ困難な問題を抱えていたことは事実ですが、教養教育が不必要ということはありません。問題は四年制大学の中に両者を併置したというシステム構築にあります。今後、全ての大学をリベラルアーツ化するのであればともかく、専門教育との併置が残っているとき、あるいは学部課程を伴う大学院大学では、学部教育はどうしても専門教育中心になりがちですが、その場合の教養教育の位置付けが問題となります。この点戦前は、教養教育を担当する旧制高校と専門教育を担当する旧制大学との役割分担が明確でしたから、両者の関係は比較的うまくいっていました。しかし、戦後の学制改革で先のような形となり、しかも、高校・大学ともに量的に拡大した結果、今更少人数教育に徹していた戦前の体制に後戻りするのは不可能ですし、妥当とも思われません。戦後の学制の長所を生かしつつ、その欠陥をどう補うかが今後の課題であります。

問題の根源の一つは、少数のエリート教育に対する批判、アレルギーがあります。これは、教育の民主化、機会均等主義に根ざす形式的平等主義の重視によるもので肯定すべき面も勿論ありますが、疑問も感じます。人間の才能は多面的であり、また、その才能には、もって生れたどうしょうもない差異があることは事実であり、われわれはこの事実を素直に受け入れるべきだと思います。現に現在の体制の下でも少数のいわゆるエリート校は存在しています。しかし、そのエリート校といわれる大学・高校において言葉の真の意味でのエリート教育が行われているかは疑問です。オーム真理教におけるいわゆるエリート校出身の信者達はいうまでもなく、近時のエリート官僚の腐敗ぶりを耳にするとき、この感が深いのであります。もっとも、旧制高校のエリート教育を受けたものが全て真の意味でのエリートあったかというと、そうではない者も多数いますが、問題はその比率にあります。この反省として、近時六年制の中高一貫教育によるゆとりある教育システムの構築が説かれ、橋本首相が今年の年頭の挨拶でこれにふれ、また都立大学付属校におけるこの制度の導入が報道されていることは、皆様ご承知のとおりです。少子化時代が始まり、大学入学の容易化が予想される今日、中等教育も当然変化するでしょうが、六年制の一貫教育のみで弊害が是正されるか、私には若干の危惧があります。

ここで、教養教育と人間教育について考えてみたいと思います。両者は必ずしも同義ではありません。例えば、知識としての教養教育はカリキュラム化に比較的なじみますが、人間教育が大学でのカリキュラム化になじむかは疑問です。そもそも人間教育はまず家庭教育の問題であり、大学教育以前の問題でもあります。自我に目覚める中学・高校時代においてこそ、それはもっとも効果的ともいえましょう。現代の中等教育が、大学入試のための知識詰め込み型の偏差値重視教育に負われているところに問題の根源があります。この弊害の打破のためには、旧制高校教育が一つの指針となります。

私は、旧制官立高校最後の入学者で、一年間だけ旧制高校の教育を受け、寮生活をおくった経験があります。旧制高校の末期には、いわゆる「白線浪人（大学入試に失敗して浪人している旧制高校卒業生、旧制高校の学帽には白線が入っていたところからそう呼ばれた）」もかなりいましたが、その当時でも大体において、旧制高校入学は難関だが、旧制帝大入学は楽だと聞かされていました。というのは、高校の入学定員枠と大学のそれとがほぼ釣り合っていたからです。ご承知の方が多いと思いますが、旧制高校は、文科系と理科系にクラスが分かれていました。そして、どちらも外国語教育が重視され、英仏独などの三ヶ国後の教育がかなりの時間数をとって行われた他は、今日の教養科目的カリキュラムがゆとりを持って組まれており、学生は成績目当てのガリ勉に走ることなく、理科系の学生でも、哲学、文学、思想等の書物を読み漁り、人生や人間、国家や社会、世界の在り方について考え、友と語りあう学生生活、大きな志を持つ人間、知的エリートの育成が教育理念とされていました。

ここでは、人間教育と教養教育とが合体して行われ、とくに寝食を共にした旧制高校寮生活の体験は私の人生に大きな影響を与えてくれました。このようなゆとりのある高校生活を可能にした基盤は、高校と大学との間で入学定員枠を釣り合せ、教養教育と専門教育とが明確に役割分担されていたことにあります。今お話しました旧制高校の実態から見てお分かりのように、中高一貫教育でゆとりは生れるとしましても、大学入学との連携がシステム的にうまく構築されていない限り、偏差値重視の教育、予備校依存の教育の弊害はなくならないように思えます。そこで、一つの叩き台として次のような構想を考えてみました。

「まず、一般の四年制大学は現行のままとし、学部併置の大学院大学は、原則として、学部三年、修士二年の五年制とする。しかし、学部三年のみでの卒業も可。他の一般大学や社会人からの大学院修士課程への入学枠も大きく残しておく。四年制の一般大学から大学院大学への入学を目指す学生には、学部三年から大学院への飛び級入学を認める。

他方において、旧制高校的なカリキュラムで、独創性に富む人材育成を主眼とするモデル高校を作ってみたい。例えば、各県一校程度の国立高校を設立し、貧しい家庭の学生には授業料の減免あるいは奨学金を貸与して、日本全国から優秀な学生を集めてエリート教育をし、大学院大学に送り込む。国立モデル高校の入学定員の枠は、全大学院大学の入学定員の三分の二までとし、一般高校からの入学枠も大幅に残しておく。エリート校であるモデル校入試に失敗した大器晩成型の学生のために、つねにバイパスを用意しておくことが必要である。大学院大学の入試は、モデル校のカリキュラムに即応して、論文と語学を主体としたものとし、モデル校卒業生の大半が入学できるようにしたい。ここでの試みは、少子化社会の到来後は他の一般大学にも、徐々に波及してゆくものと思われる。

なお、経営上の問題を抱えている私学はどうするか、ここにも大きな問題がある。私学は国立に比べ自由度が高いので、現在でも、付属校教育でエリート教育が可能であり、付属校や大学院を持つ大私学では、六年制の中高一貫教育などを通して、現にそういう取組みも始めているが、大学の運営資金のほとんどを授業料に頼っているわが国の私学では、財政上少数教育はなかなか困難であり、国の助成金の大幅な増額が必要である。」

以上の構想は、あくまで私の個人的な考えに基づく一つの叩き台にすぎず、詰めるべき問題点が多々あり、実現の困難さも予想されますが、一つの問題提起として受け止めていただければ幸甚であります。

話は変わりますが、今月の二七日に、この学士会館におきまして、旧制高校懇話会の提唱で、「日本の高等教育を考える会」の設立発起人会が開催されることになっています。発起人として、飯島宗一、西沢潤一、団藤重光、向坊隆、森亘といったそうそうたるメンバーが名を連ねられていますが、今後、旧制高校教育の見直し論がますます盛んになってくるのではないかと期待しています。ただ、私学の関係者と致しましては、国公立大学中心の教学改革のみでは不十分であり、戦後日本の高等教育を支えてきた私学の役割、地位を大いに尊重していただきたいし、もはや私学を抜きにしては、日本の高等教育の未来は語れないものと考え、そう自負もしております。

いずれにしましても、二一世紀の日本はあらゆる面におきまして、量から質への転換が必要であり、独創性が尊重される時代となることは歴史の必然と考えます。戦後高等教育の量的拡大、教育の民主化と機会均等主義によってもたらされた成果を維持しつつも、各人にその能力、学力に応じた高等教育の機会を提供し、独創性ある人材を育成する、教育の個性化、多様化、高等教育の質的拡充が、今後の高等教育の将来構想の基軸とされるべきものと考えます。

（第三二七回国際治療談話会・日本国際医学協会第三六回総会における講演一九九七年一月）

Ⅳ　法大総長の一年間

1　総長就任にあたって

――二一世紀に向けての法政大学の新たな出発を目指して――

（一九九五年）

阿利莫二前総長の予期せぬ急逝の後を受け、その残任期間、総長職をお引き受けすることになり、私は、今、厳粛な気持ちでこの職責を果たしたいと思っています。

私は、森鷗外や西周の生誕の地として知られる島根県津和野町の津和野中学の出身で、民法を研究している法学者です。島根県といえば、和仏法律学校の校長の後、法政大学の初代総長となられた梅謙次郎博士も島根県の松江のご出身であり、民法起草の三博士の一人としてわが国の民法学の基礎を築かれた大先生であります。郷里の大先輩であり、かつ民法学の大先達が総長を務められた伝統あるわが法政大学の総長をこのたび拝命することになり、たいへんな名誉であると感激するとともに、私のごとき浅学非才の者がこの重責に耐えうるかどうか、不安の思いに駆られ、身の引き締まる感がする次第です。

わが法政大学は、周知のように、ボアソナード博士や梅謙次郎博士の説かれた自由民権と自然法の思想を背景に、これまで「自由と進歩」を学風として、一一五年の間、輝かしい伝統を守り、着実な歩みを続けてきました。しかし、今、二一世紀に向けての時代の大きな転換期を迎え、わが大学は新しい時代に向けての新たな出発を求められています。魅力ある大学づくりのためには、第一に、新たな知的創造の状況や展開を踏まえて、全ての既存の学部や学科を見直し、その再編成による新学部、新学科の創設が必要です。そして、生涯学習時代の要請にこたえるための、二部の昼夜開講制への移行、さらには、ポスト産業社会の中核的存在として注目を集めつつある大学院大学化時代の到来を踏まえての、大学院教育の質的・量的な拡充等が模索されなければなりません。

第二に、この受け皿として三キャンパスの整備が望まれます。すなわち、市ケ谷キャンパスの劣悪な教育、研究環境を改善するためのハード面の再開発が必要です。また、高度工業化社会、マルチメディア社会の一層の進展による理工系学部のより一層の発展に対応するための小金井キャンパスの拡充と整備、さらには新学部の創設に伴う多摩キャンパスの教学施設の整備等が不可欠であります。そして、第三に、これらの改革、整備を進めるための土台づくりとして、全学の意思決定機構、とりわけ理事会、評議員会の在り方、校友の大学運営への参画の在り方等々を見直す寄附行為の改正が、総長選、理事選の選挙規則の再改正とならんで目前の緊急課題であります。この三つは、いずれも重要な課題ですが、残り一〇ヶ月の残任期間でなしうることには限界がありますので、まず寄附行為の改正に全力を挙げ、次いで残りの二つの課題については一歩でも前進を図ることに努めたいと思います。

なお、偏差値教育に振り回されることなく、全人格的教養教育にじっくり取り組める付属校教育の重要性、必要性は、オウム真理教をめぐる最近の世情からも分かるとおり、今後ますます高まってくるものといえます。良き大学づくりのためには、良き付属校づくりが大切です。さらに、学生、教員が研究や教育に専念できるためには、意欲のある職員の主体的かつ創造的な職務の遂行が不可欠です。職員がその重責に専念できるための職場づくりと、適正かつ公平な人事政策が行われなければなりません。これらの問題についても、十分な目配りをしたいと思っています。

このような転換期における大学の最重要課題を克服するためには、三キャンパスおよび付属校の教職員、さらには学生、校友が一致協力し、全学打って一丸となって邁進すべきです。

戦後五〇年を迎え、法政大学においても、冷戦構造を終焉させるべきですし、すでにその兆しは明確に見えています。幸いにしてわが大学は伝統ある開かれた大学として、これまでに多くの優れた教職員、学生を全国から集め、また多くの人材を社会に送り出しています。これらの人材の力を結集し、学生自治と大学自治との関係の再構築を進めつつ、全学の英知を集めた「二一世紀の法政大学」審議会の諸成果を踏まえ、さらに全国校友の理解と協力を求めつつ、勇気と断固たる決断力をもって、大学改革を着実に進めてゆけば、わが法政大学の未来展望は極めて明るいものと信じます。

今、わが大学にとって一番大切なことは、全学の信頼関係の構築であり、民主的な討議を踏まえての協調体制の確立であります。そして、新して時代、新しい大学をつくり出してゆくための次代のリーダーの育成、世代交替の準備だといえます。

かかる転換期の重責をはたして私がよく果たしうるものかどうか。能力的、時間的に多くの制約はありますが、これまで法律家として鍛えてきたバランス感覚、四〇年間にわたる法政生活で得た学内外の多くの知己との信頼関係を背景に、阿利前総長の遺志を継ぎ、現理事会と学部長会議とが近時続けてきた努力を継承し、全学の協調体制を確立して、転換期の法政大学の難局を乗り切るべく、全力を挙げて取り組みたいと思います。（一九九五年六月二日）

（雑誌『法政』平成七年七・八月号）

2　総長大いに語る

（一九九五年）

下森新総長は、五月二九日に着任して五カ月余り、公式、非公式さまざまのセレモニーを終了されて、「今何を成すべきか」、「二一世紀に向けてどのような展望を開くべきか」など、法政一〇〇年の構想に日夜取り組んでおられる。

五八年館の二階、奥まった会議室に、私たちを丁重に迎えてくれた総長は、終始にこやかに、矢継ぎ早のインタビューにもさわやかに応対された。

総長のお人柄をご紹介するため、プライベイトな話題など、多少失礼な質問もしたが、総長は快く答えられた。

以下は、新総長の話された大要である。できるだけ忠実に再現したつもりであるが、紙面の都合で要約したり、一部カットしたことによる説明不足や不完全な箇所があれば、すべて編集子の責任である。（文責　広報部会）

(1)　当面する課題と問題点

Q　きょうは、お忙しいところ総長先生にお話をいただけるということで、われわれ経済学部同窓会としまして非常にありがたく感謝申しあげます。就任されて五カ月、いろいろと構想もおありと思いますが、まず、当面する課題や問題点というものからお話いただければと思います。

総長　最大の課題は教学改革です。そしてその教学改革を支えるためのキャンパスの整備、当面は市ヶ谷再開発ですね。これが第二点。第三の課題が寄附行為の改正です。この三点が私の当面の最大課題ということになりますね。

Q　大切なことばかりですが、手順としてはどのようにお考えですか。

総長　同時進行でやってもよいのですが、私の任期は来年の四月までです。限られてますから、まず教学改革を進めるために、意思決定機構の整備が必要です。特に問題になるのは役員の構成ですが、学内の問題ももちろんありますが、学外の理事の方の場合は、評議委員から選ぶわけで、評議委員規則の改正が先決です。そこで、先日の評議委員会で評議委員選挙規則の細則を決定しました。そして、今度は寄付行為の本体の改正に取りかかります。それは、まあ少なくとも一一月末ぐらいまでにはやりたいと思います。

教学改革については一一月の中頃までに、プロジェクトチームを発足させて一気呵成にすすめたい。

Q　市ヶ谷開発についてはいろいろと難問があったようですね。

総長　おっしゃるとおり自治会や学生諸団体の反対がありまして、非常に難航を極めたのですが、かなり状況は好転してきましたね。世の中が変わったこともあるし、それから、学生部長をはじめとする教職員の努力が実りましてね、長年の懸案であった学生寮の共益費を学生が積極的に支払うという状況が出てきました。

これからは、いろいろと努力を積み重ねて、来年の四月以降具体的にやりたいというのがプランです。しかし、その前にもう一度総長選挙や、学内の理事選挙もあるし、今度は評議委員の選挙も七月に予定されており、メンバーが変わるとどうなるかはわかりませんが、一応の目標としては、そう考えています。

Q　就任早々、まことにご苦労さまですが教学改革の中でまず何を進めてゆかれますか。

総長　二一世紀審議会の答申を受けましてね、いまほぼ問題点は固まっているのです。一つは二部の問題。かつての夜間部とは、まるっきり状況が違ってきていましてね。純粋な意味での勤労学生というのは一五％位ですね。一部に入れなかったことで意気が挙ってないということもありますが、中には非常に優れた人もいます。そこで、昼夜開校制に移行するということが、答申として出ているのです。

法政の場合の昼夜開校制というのは、要するに一、二部を合体してしまうという案ですね。試験も同じようにして、昼を主体として夜も勉強できる。そういうコースと夜を主体として昼にも足をのばすというコースを設けるということです。ですから、自分は、夜型だから、夜に席を置いておいて、午後の時間帯をとろうとか、自分は朝型だから、朝勉強して夜も少しとるとか、そういうかたちになってくるわけですね。

(2)　生涯学習時代見据えて

Ｑ　いまのお話の構想には今後いろいろな可能性を秘めているようですね。

総長　そのとおりですね。たとえば昼の部に、社会人枠を設けて、これからの生涯学習時代に備える定員増が実現すれば、経営上もプラスになるし、また多摩と市ヶ谷の昼夜の編成を総合的に再編成し、そのプロセスで新しい学部設置の可能性もあります。

まだ構想中ですが資格取得コース、社会人中心の特別コースなどいろいろと考えられますね。英語なんかできなくても、論文試験だけとか。また法学部は卒業したが定年になって時間もあるので、文学も勉強したいなど、いろいろニーズがあると思います。

【注】ここで、昼夜合体論について詳しい説明があった。また生涯学習時代をふまえての受入れ構想などについても熱っぽく夢を語ってくださった。

Ｑ　構想がどんどん広がりますね。

総長　いま一つは、非常に場所がいいですから、それを生かしていろいろ考えているのです。いま高齢化社会で福祉が問題になっていますね。しかも、従来の福祉というのは貧民救済だったけれど、いまはそうじゃない、新たな社会的要求が非常に増えてきていますね。だから、かつて社会福祉大学とかがありましたけれど、それは非常に偏っている。そういうものもやるけれど、例えば、ボケ老人の財産管理、法律的な問題、経済的な問題、有料老人ホームなど、それらを総合して高齢化社会に対応する総合福祉政策学科というようなことも考えてみたらどうか。

いま一つ議論されているのが、国際文化学部みたいなもの。人文学科を中心にした国際的な研究です。かって英文学部英文学科というのは非常な花形だったのですが、今は、非常に凋落しつつある。なぜかというと、かつて英文学部に入ると英語が得意で、企業から引っ張りだこだった。ところが、いまや国際化時代で、中学、高校時代から国際交流していて、英語ができるのは当然になった。反面で、女性は社会で働くために資格がほしい。英語はもうできる、あとはやはり経済とか法律とか、そういう時代なのですね。

そこで発想を転換してね。思い切って国際文化学部みたいなものを構想しているのです。英語を使いながら国際情勢を勉強するとか、政治、経済、法律を勉強するとか、そういうものに対する社会的需要が増えてきています。

(3)　広がる法政大学の未来

総長　いま一つは多摩です。多摩は三〇万坪、広大なキャンパスを持っています。無限の可能性があるわけですね。そこで、やはり考えているのは国際関係、情報関係ですね。また地域環境のテーマもあります。社会科学を中心にして、これに自然科学をつけ加えた総合科学、もう一つは人文学科を中心にして、社会科学をつけ加えた総合科学、そういう試みをやりたい。

それからもう一つは、これはまだ夢ですけど、多摩地区に城山キャンパスがありますから、それをどう使うか。たとえば、国際高校などを作って、世界から留学生などを集めてきて、日本人もいっしょに勉強して、お互いに交流させる。できれば、寮を作りまして、日本人も外国人もいっしょに住み、寝食をともにするような、そういったものを作りたい。それはまだ夢物語ですが…。

それから、小金井です。小金井は工学部ですけど、いまや工学部だけじゃなく、理系がもう少しほしいですね。現在も理系があるんですが、もう少しコース、学科を増やしますと、理工学部になれます。そしてマルチメディア時代に対応するような学部に育成していきたい。

こうして、それぞれのキャンパスを整備することになりますが、市ヶ谷再開発を第一にやって、ここに二六階建ての二一世紀を象徴するような建物を建てます。第二次、第三次計画でさらに新館を建設、ここに既存の学部のほかに、新しい生涯学習と国際文化学部が入るような新しいキャンパスを作る構想です。

多摩は、一学部くらいは、現在の建物で十分ですね。さらに将来増やすとすれば建てる余地はいくらでもありますから、これはもう第何次計画になるかわかりませんが、将来を展望した構想は持っております。

Q　教学改革とははずれると思いますが、医学部的なものは考えられますか。

総長　これは大変難しい。お金が大変かかります。これはちょっと法政の財力をもってしては、いまのところはだめですが、総合大学としてはほんとうは欲しいですよ。

Q　これからの構想、将来に向けての広大な夢を語っていただいたのですが、先生は来年はどうなるかわからないなどと、先ほどいわれましたけど、これはもう完結するまでですね、先生になっていただかないと――。

総長　来年は立ちます。立候補はいたします。皆さんの支持があれば引き続きやるつもりですけど、とりあえず来年の四月までに出来るところまでつめていこう。その上で展望を切り開いていこう、と考えています。

(4)　幅広い人格形成が大切

Q　お話を広げていいですか。法政からちょっと離れ一般論になりますが、よくいわれますように、いまの大学は入るのは難しく、出るのはやさしい。アメリカあたりは逆だということは、裏返してみますと、学生時代はあまり勉強せんのかなあと、極めて素朴な疑問が出るわけです。

考えてみますと、若いときの四年間は人生の中で非常に重要な時期ですね。もったいない感じがします。いまのそういう状態がいいのか、そうではなくて好ましくはないけど、なんとなくそうなっちゃっているのかなと——。

総長　後者ですね。やはり勉強しなくちゃだめですね。ただ最近の学生は非常に勉強します。一般的には。もちろん不況が進んできて、就職が難しくなったということがありますけれども。法政大学の学生をみていますと、非常にみんなまじめになりまして、講義にもよく出てきて、試験やってみても非常に成績が良くなりました。例外もありますけれどネー。それからゼミに入ったら徹底的に鍛えますから。

しかしまだ、やはり従来の名残りで、入るのは難しいけれど、出るのは比較的楽だということで、法学部の教授会とも話合って出来るだけ難しくしようとしています、一割ぐらいは留年しているのがいます。多いですけれど。

Q　ゼミで鍛えればそれなりの成果はあると思うんですけど、ゼミに全部収容しきれないというような物理的問題もあるのでしょうし。

総長　法学部についていうと、希望するものは誰でも入れます。ただ本当は全部必須にしたいのですが、教室が市ヶ谷は少ないということ、また教師の数の問題もあって全員がゼミに参加できるところまではいっていない。

Q　外野から無責任なことをいうと、ゼミや研究会ではまじめにやっている学生もいると思うが、一般論として大学はレジャーランドなどといわれるように、いろいろな研究会とか、サークル活動とか、かっこいいんですけど実際は遊びのグループですね、そういうところで学校終わってしまうというケースがかなりあるようですね。

総長　あるけれども、非常にまじめに研究会をやっているところもあります。たとえば法学部でいうと法律相談部、これは伝統がありましてね。遠藤光男最高裁判事とか大島雄次安田生命社長とか、全部相談部出身です。これは大変ですよ。夏は死の合宿といってね、一週間連続のきびしいものです。そういうゼミの成果を基にして、今年は山形に行きましたけれど、各地で一般市民の相談を受ける。それから司法試験の受験講座、公認会計士は公認会計士のための講座など、そういうところでは非常によく勉強しています。ただ一般の学生はやはりレジャーランド化して同好会で楽しんでいることは否定できませんね。

Q　昔はああいう遊びのグループはあまりなかったのではないですか。

総長　いや、法政は昔からかなりありましたよ。よその大学に比べると同好会…、同好会よりは部活動が多かったけれど。それでも最近に同好会が増えたのは確かですね。やはりレジャーいっぱいの世の中ですから……。

Q　やはり今の若い人は仲間はずれっていうのは嫌がりますからね。

総長　ただ、大学っていうのはそれが大切なのですね。つまり勉強ばかりしているとオウム真理教、理科オタクになるのですよね。我々の時代ではわりと集団的訓練を受けてきている、いまはみんな小学校から塾通いで、団体的に遊ぶ習慣がないですね。人間関係作るのが下手ですね。ようやく大学に入って解放される、そこで仲間を作ってということになる。法政大学の良さは、全国系の大学で、地方の大学ではない。つまり北は北海道から南は沖縄、さらには全世界から留学してくる。そういう学生達がゴルフでもいいし、テニスでもいい、同好会作ってそこでふれ合う。そうすると異質の考え方にふれる、そこでお互いに切磋琢磨することもできる。これが人間教育ですね。結果として。

Q　やはり勉強だけじゃなくて、そういうプロセスが人生の中にあっていいと思うのですけど、それが大学時代なのでしょうか？

総長　本当は高校までなのですね。ところが今の高校はそうなっていないのです。そこに、問題があるのですね。およそ、この人間教育というのは、かつては家庭でやるもの、小中せいぜい高校までですね。旧制高校をお知りの方々は、ご承知のとおり大学では専門の勉強に打ち込んでるはずなのです。ところが今は大学で人間問題を非常に悩んだり、自殺したり……。

われわれの世代は、戦争中に非常に苦しんで、しかも大家族で、おじいさんの死ぬ場面にも遭遇したし葬式も出した。そして物質的に貧しかったですから、ちょっと甘いものがあると大変おいしかったし、本が買えると非常に嬉しかった。精神的には充実していた。

ところがいまは核家族ですから家族の死を見ていない。そして欲しいものは何でも入る。勉強ばかりさせられる。友達とも遊べない。そういう状況で育ってきて、受験勉強から解放され、大学に入ったとき、非常に空虚なんですね。自分の人生って何だろう。人間とは何か、そこで初めて考える。

われわれは中学、高校で人生に悩みましたね。友人と論争したりして自分で解決して大学に入った。ところがいまの学生はそういう状況じゃないのです。だから物質的には恵まれている、勉強はできるけれども精神的には脆弱、悩みが多いと見なければならない。オウムを始め「宗教」から学生を守らなければならないと考えているのはそのためなのです。

(5)　ぶつかり合って学ぼう

Q　やはり他律的に人生を規制されている感じがする、自分自身を見失っている、大学にはいって目先の目標も達成した。ハテどうしたらよいか、方向感覚がマヒしている……？

総長　たとえば人間は何のために生きるのか。誰も教えてくれない……。ところが今の大学っていうのは、それをやらざるを得ないという状況です。とはいっても、正直いって大学の講義で教えられるものでもない。それじゃ何であるか、結局これは、お互い異質のものとぶつかりあって、そして自分を知るしかない。いろんなものとぶつかり合って、学問とぶつかり、あるいは友達とぶつかり、いろんな国からきた人とぶつかり、そこで自分を自ら発見していくしかない。それが現在の大学です。

東京のような大都会にいろんな所から人が集まって、そして活発なぶつかり合いの中で人間教育が行われているのです。

Q　よく昔、駅弁大学とかなんとかいわれましたが、大学が増えてきましたね。多くの人が大学教育を受けるようになってきたということは、レベルがどうしても下がってくると思うのですネ。その中で法政大学は、どういう形で生き残っていくか……。

これも一つの一般論ですけど、同じような教育、同じようなことをやっていては特色は出てこない、どこの大学も同じだということになってしまうんじゃないかと思います。

さっき生涯教育という話が出ましたけどそれに関連しまして、たとえばオープンセミナーとか、社会との接点を積極的に求めていくのは非常に必要です。卒業したら勉強はおしまいじゃなくて、いろいろなニーズがわれわれ社会人の方にもあるわけですね。そういうものに答えるのはやはり大学の施設ということになると思いますね。それから、シンポジュームとか講演会だとか、積極的に大学が世の中に進出して行く方法はいろいろあるだろうと思います。

ちょっと思いつきですけど、たとえば世論調査、いまマスコミがそういう役割をになっていますけれど、マスコミばかりではなくて大学がリーダーシップを取って世論のリードというのはおこがましいでしょうけれども、世の中こんなふうになっていますよ、とかいうようなことを発表しながら存在感を高めていくとか、が必要ではないでしょうか。

(6)　古くて新しい建学の理念

総長　おっしゃるとおりです。地域に開かれた大学にしたい。

【注】ここで総長は、①戦後教育制度の特色であるいわゆる〝単線型〟の六三三四制、そして家庭での教育熱、高度成長を背景としたマスプロ大学の出現が、偏差値重視の画一的な学生群を生み出したこと。②そして、それぞれの大学がそれぞれに特色を出そうとしたが、文部省の指導もあって結局画一的にならざるを得なかった。③形だけの個性化ではなく、それぞれの立地条件、歴史、背景をふまえた実のある個性化、多様化の大切さを説かれた。

そして、しからば法政大学はどう対処すべきかに話題が展開する。

総長　それじゃ具体的に法政ではどうするのかということですね。

【注】ここで総長は、民法で著名なある学者が法律学を勉強するための方法論として、①理念の探求、②社会的要求との兼ね合い、③合理的なシステムの構築が必要だといっているが「大学改革でも同じだ」と強調された後、大学にはそれぞれの大学のいわゆるユニバーシティーアイデンティティーがあるはずと指摘された。

総長　そこでまず、この法政大学の理念は何かというと、やはり自由と進歩であるということです。法政はフランスの自然法とか人権思想をもとにして発足した大学ですから—ですね。いわゆる近代市民法は四つの基本原則をもっています。その第一は、すべての人は平等だという人格平等の原則。それと、私的所有権絶対の原則、私有財産は尊重しなくてはいかんということ。第三番目は自由の原則、自由を尊重しなくてはいかん。第四番目に自己責任の原則、自由の裏には責任がある、自分のやったことについては自分が責任を取る。しかし人のやったことについてまでは責任を負わなくてもよろしい。

これが近代市民法の大原則で、これが自由と進歩、これを守っていけば社会は進歩するという考え方だったのですね。ところがこれが資本主義社会の発達にともなって必ずしもうまくいかなくなって、形式的な自由になっちゃって「持てるものの自由」になってしまう。

そこで修正原理が出てきて、そして二〇世紀は社会主義社会が実現してくるわけですね。ところがその社会主義社会がうまくいったかというと、この四大原則を否定したのです。ロシアなどはね。その時に崩壊してしまった。そこで、二一世紀はもう一度原点に返って見直しをしなければいけない。その修正原理を別の意味で模索する、そういう時代ではないか。

つまり自由と進歩という法政大学の建学の理念は、二一世紀にむけても非常に意味のある理念である。ただし、真の意味の自由とは何か、真の意味の平等とは何かということをたえず社会の進歩にあわせて問い直す必要があるだろう。したがって、この建学の理念をそのまま私は維持していくつもりです。

もう一つは開かれた学府ですね。法政というのは非常に門戸を開いていていろいろな所から優れた教員を迎えている。現在、東大でも、慶応でも、早稲田でも、純潔主義の欠陥がたくさんでてきている。で、東大すら門戸を開いてきている。そういう時代なのですね。それをこの法政は先取りしています。しかしその先取りしたゆえに欠陥もあります。それをどう是正するかですね。だから理論的な自由と進歩、開かれた学府……、これはそのまま維持していいだろう、というのが趣旨です。

Q　では第二の「社会は大学に何を要請しているか」という点について

【注】ここで質問に関連して二つの具体的なケースについて興味あるエピソードの紹介があった。
一つは島根県（総長の故郷）から新しい大学の構想についての協力要請があった話。構想としては立派であったが、島根という立地条件を無視した机上論でありお断りしたとのこと。もう一つは大分県の平松知事から面白い提案が持ち込まれたがそのとき法政側にそれだけの余力がなく、残念ながら断らざるを得なかったというお話。その後、大分県は立命館とタイアップ。アジアからの留学生を受け入れるという極めてユニークなものであった。

(7)　国際化や公開講座など

総長　国際化とかいってもいろんなやり方があると思いますね。これからは、中国であり、韓国であり、東南アジアです。これから伸びるのはね。いままで国際化というと、アメリカとかヨーロッパとか先進諸国を考えていたと思うけど、あれはもう成長はストップした。

戦前から周恩来が学び汪精衛が学んだ法政大学なのですからね。だからそういう人たちを教育する国際化が、必要だと思うのですね。

しかも東京の真ん中ですからね。留学生がきてもアルバイトができる。法政なら教員に人材も多いですしね。だから多摩に設けるか、ここに設けるかは別として、そういう国際化をやろうとしています。大都会東京のど真ん中にある良さをそういう形で生かしたい。

それから、先程提案のあった大学の社会進出、公開講座の問題—。これは各地でやっています。この間、青森に行ってきました。今年は大分でもやりました。年二～三回やってます。これからも大いにやりたい。さらに、大学中心に都市社会問題セミナーを毎年やっています。大変好評でしてね。各県とか自治体の職員たちがたくさん大学に勉強しにきます。これは単発の公開セミナーです。また、政治、社会、法律、これと併わせたそういう都市問題のコースを設けたいと思っています。このまえ、能学研究所が公開講座をやりました。これも大変好評でしてね。当初は五〇～六〇名の予定だったところ、二〇〇名以上の人が応募して、そして毎週土曜日にやって大変好評でした。だからどんどんこれからもおっしゃるとおりやっていくつもりです。

(8)　同窓会の活動に期待

Q　さて話題が変わりますが、同窓会が今年四年目に入るわけです。現在経済学部長の村串先生とか、職員で今年やめられた森安さんが中心になりスタートしたわけですが、本格的な活動はこれからだと思っております。何かご希望というかお話をうけたまわれれば幸いですが。

総長　同窓会の方々に期待しています。かつて、大内兵衛先生がわれらの願いということでいくつか書かれました。その中で『願わくば我が国の社会の一石一木たりとも社会につけ加えるような人材を……』というのがあります。この一石一木ですね。僕のゼミのOB会は、この言葉をとって名前をつけたのです。本当はこれを使うと木石の会となるんだけれど、そうするとちょっと味気ないでしょ。そこで草木の会という名前にしたのです。願わくば、我がゼミから一草一木たりとも社会につけ加えるような、そういう人材を育てたい。その一草の中には美しい花を咲かす一草もあるだろう。雑草のようにたくしく生きて行く一草、それから巨木のようにそそり立つそういう人材も育てたい。一石一木、一草一木では何事もできないけれど、それらが集まると林になり森になりやがては大きな山脈になって、全世界に法政山脈が広がっていく。そういうものを作りたい。同窓会というのはそういうものだと思う。

つまり人的ネットワーク。法政で青春を生き、学んだそういう人たちがね、バラバラじゃだめなんですよね。一石一木それぞれの社会で活躍しておられる方が多いでしょう。それをつなげることによって、林になり森になり山を形成しなきゃだめ、それが僕が同窓会に対する願いですね。

大学はそういう基礎的な財産をみなさんに提供しています。その財産なのですよね、皆さんの集りは。それをいかにうまく活用できるかどうかは同窓会の役員の皆さんの役割だと思っています。

僕は、旧性の山口高校出身なんです。もう高等学校は潰れました。しかし同窓会活動は非常に盛んです。大学がなくとも同窓会のネットワークは非常に盛んですが、滅びゆく集団ではあります。後がいませんから。

しかし法政はこれから伸びてゆく集団です。後輩がどんどん増えてきますから。ネットワークをしっかり作ること。そしてお互いに切磋琢磨し、情報を交換しあって自分たちの財産をふやしていく。

そしてその上で余力があればぜひ、大学を支えていただきたい。足をひっぱるようじゃ困る。それが大学にとっても大切なことですし、皆さんにとっても大切なことなんです。

(9)　遊び大好き　今はテニス

Q　話しは変わりますが、先生毎日お忙しいわけですが、プライベートな時間というのは、やはり生活の中の潤いだと思います。そういう時間ございますか? また、専門以外の分野でどんなことに興味やご関心があるか、その辺のお話をうかがいたい。

総長　私は遊ぶの大好きですから、まず、なんでもやるんですよ、うまくないけど。子供の時からトランプとか、カルタとか、将棋もやったしね。将棋は田舎ではわりと強くて、大人をまかしたくらいです。その後はやってないからダメです。碁もやります。習った碁ではなく、叔父とか、従兄弟に習った碁です。段位は取ってないんだけど、初段から二段位ではないかな。いまは忙しくて余りやっておりません。

いまやっているのはテニスです。というのは大学紛争時代にずいぶん苦労しましてね。学生部長以前からずっと大学のいろんな行政職をやって、そこで学生部長やった後、体を壊しまして、それで医者から運動せよといわれまして、まず水泳に通ったんです。でも水泳って黙々としてあまり面白くない。僕は田舎の川で泳いでおったものですから、激流を横に25mくらい息をせずに泳いで行くのはできたのだけど、プールではあまりうまくないのです。

そのころ子供たちがテニスを始めたし、僕もやろうと決心し、ちょっと遅れて硬式テニスを始めたわけです。

Q　奥さんといっしょに?

総長　いっしょです。

高等学校の時に寮でちょっと軟式テニスをやった。

卓球は少しうまいのです、学生よりかなりうまいです。テニスはちょっとやったけど、硬式やったことないのですね。そこで六〇歳になってからテニスを始めまして、いま、週一回、インドアのコートに通ってやるようにしています。家内のほうはね、時間があるものだから僕より進んで初中級だけど、僕はまだ初級です。

Q　テニスは体力的にはかなりハードだと思いますが……。

総長　激しいですね、ただ慣れればね。金曜日の一一時に行って一時間半スクールに入って練習、それから夜、シャワー浴びてから研究会、これが調子いいのですね。その前は、肩がこるし、血の巡りは悪いし大変だった。ところがテニスを始めてからいいですね。頭の回転が良くなりましたよ。これなら早くテニスをやるべきだったたと思ったですね。

Q　でも奥さんとご一緒にやられるのはいいですね。先生の奥さんは薬師寺先生のお嬢さんですね。

総長　はいそうです。

Q　私たちも、薬師寺先生には教わったほうなんです。

総長　そうなんですか、あまり講義はうまくないけど。あの人は……。

Q　法政大学とは、もともとご縁が深かったと聞いております。さっき梅先生の話もでましたが……。

総長　同郷というのはやはり何かの縁でしょうネ。

そのほかにも不思議な縁があるのですね。

【注】……といって話されたところによるとごく最近『法学志林』の総目録を作っていたら、郷里の本家の当主が

寄稿したものがみつかったとの話。広島大学から法政で法律を勉強することになったイキサツ。その後東大へ行ったが、中村哲教授の配慮で法政の助手の給料を貰いながら東大で勉強したこと、それが法政に残るキッカケになった。指導教授は薬師寺先生（そして夫人は薬師寺教授のお嬢さん）。ただし「先生の娘をもらったから専任講師になれたのではないのです。結婚する前に講師になっています」（総長）。こうなると法政との縁は単なる偶然以上のものにみえる。

⑽　大切な人間のスケール

Q　卒業は、先生何年ですか？　当時のことで強く印象に残っているようなことがありましたらお願いします。

総長　昭和二九年。三一年の三月にマスターを終わったのです。あの当時の学生は優秀なんですよ。地方の大学は、水準はまあほどほどとしてもスケールが小さい感じカナ。視野も狭い——。ところが、法政に来て驚いたのは、あまりできないのがたくさんいましたが、スケールが大きいのがいるのです。それから遠藤氏みたいにできるのがいるんだ。飛び抜けてできるのが。バラバラなんですよ。これが法政の面白いところ。人間は学問的頭だけじゃない。スケールが問題です。学問的にできるできないも大切だけれど、さらに大切なのは人間のスケール。

そのスケールの大きさをいかに作るか、これが全国型大学の良さなんですね。切磋琢磨することによってスケールが大きくなる。素質もありますよ。しかし、色々な人物と切磋琢磨することによって視野を広げている。だから、東京で勉強したっていうことが大きいのです。地方だけだとどうしてもコンプレックスがあるのです。

Q　今までの先生の人生は本当に人も羨むようなものですが、生きる支えというか、推進力というか生活信条というか、その行動力の原点にあったものはなんでしょうか。

総長　私はそんなに恵まれていないんです。ホントに……。

【注】　失礼に当るかとも思ったが、あえて質問した。案の定、総長は「これに答えるためにはプライベイトなことにふれざるを得ないが…」と前置きされて極めて卒直にくわしく語ってくれた。全部を紹介することは不可能なので一部にとどめる。

○小さいときから家庭的には決して恵まれた状態ではなかったこと

○小学校時代に健康を害して一年休学した話

○もともと地方の地主で山や土地もあったが、大学時代休みのときに田舎に帰っては山を売っていた……それで法律にも興味を持つキッカケになった話

○最終的には東京に出てきたため、結果的に田舎の家をつぶしてしまって申し訳なく思っている話

○小さい頃からの自分の体験を通して、家庭は大切にしなければならない―。人と人との信頼関係が大切である…等々話題はつきなかった。

(11)　バラバラ状況克服して

Q　人間関係大切に。よき師よき友っていうのは非常に大切です。そういう意味では法政は非常にいいと思います。校歌にもありましたね。

【注】　淡々と語るいかにも温和な総長の表情に、逆境にもめげず、むしろそれをバネにして生き抜くたくましさをかい間見て感動した。人に歴史あり……。

Q　最後に何かございましたら……。

総長　法政はこの前の評議委員会でもお話したのだけれど、非常に危機的状況なのです。そしてバラバラでしたね。教員もバラバラ、校友と大学もうまくいかなった。学生バラバラ、これじゃダメなのです。ともかく力を合わせなくちゃ乗り切れないのです。

そういう意味で、校友の方にもかなりきつくあたります。私は校友だといっているけど純粋な校友ではありません。純粋校友じゃないからいえるのです。しかし、ある面では校友だから東大の連中に対してもいえるのです。両方いえるのです。

私はこの信念をもってやっていきますからね。それで良さとそれぞれのもつ弱さ、コンプレックスもわかります。東大の良い面も悪い面もわかります。法政の良い面も悪い面もわかります。で、それを悪い面ばかりみたのでは良くないのです。良い面だけ見て、それをつなぎ合わせていこうと考えています。これが私の役割だと思っていますので、同窓会の皆さんにもご協力をお願いしたい。是非お願いしたい。

長時間にわたり、お話をいただき誠に有り難うございました。

（法政大学経済学部同窓会報インタビュー記事、一九九五年）

3　暑中見舞い挨拶状

（一九九五年）

「謹啓
酷暑が続いていますが皆様お元気でお過ごしのことと存じ上げます。

去る五月二九日の総長就任以来、あっという間に二ヶ月余が過ぎ、ようやく夏休みがとれて一息ついているところです。

この間、六大学野球や全日本大学野球選手権での優勝、応援団七〇周年、ヨット部六〇周年の創部祝賀パーティー、野球部優勝祝賀パーティーなど賑やかな行事が続きました。

他方において、総長選挙の公約実現のために、まず教学改革に関する総長提案、校友評議員選挙規則の改正案をまとめ、さらに寄附行為の改正作業につきましても、理事会で集中的に議論をし、理事会原案をまとめつつあります。市ヶ谷再開発につきましては、夏休み前の特別シンポジウム「大学を考える」を皮切りとして、秋にはさらに、第二・第三のシンポジウムを開いて、学生諸君との対話を深めて行きたいと思っています。

七月末に富士山麓で開かれました全国大学学長会議では、国公私立の多数の学長の知己を得、二一世紀に向けての大学改革に興味深い示唆をうることができました。秋からは、私立大学連盟の常務理事としての対外的活動も加わり、一層多忙の日々がやってくることと思います。

夏休み中も、校友会富山支部総会、青森での法政大学公開講演会、韓国・延世大学との国際交流協定締結のための表敬訪問など、いくつかの行事が予定されていますが、大いに精気を養い、秋からの活動にゆっくり備えたいと思っています。

総長就任にあたっては、多くの方々から励ましのお言葉をいただき、たいへん有り難く、嬉しく存じています。皆様の暖かい御支援を背景に、法政大学の改革を一歩ずつ着実に進めて行きたいと存じます。どうぞ今後ともよろしくお願いいたします。

以上、御礼方々、この間の活動報告を申し上げます。

末筆になりましたが、猛暑の折柄、皆様の御健勝を心よりお祈り申し上げます。

敬具

一九九五年八月

法政大学総長　下森　定」

4　教学改革本部発足にあたって

（一九九五年）

さる七月、私から学部長会議、全教授会に教学改革の提案を行ったが、それを機としてはじまった教授会討議の中から、全教授会でぜひとも改革に主体的に取り組み、協力して改革を成功させようという熱意が盛り上がってきたことはきわめて喜ばしいことと受け止めている。

今回の教学改革は、法政大学の二一世紀を左右するきわめて重要なものである。何よりもまず、私は、総長として、理事会の意向を固め、責任あるリーダーシップを発揮するよう、その職責を賭してあたる決意である。しかし、教学改革は改めて言うまでもなく教学事項、しかも全学にまたがる教学事項であり、その実現はすべての教授会が十分開かれた討議を進め、その基礎のうえに入念な全学協議を行うことを通してはじめて保障されるであろう。

そこで、学部長懇談会からの要請にこたえ、法人と教学が一堂に会し、改革案の策定にあたる教学改革本部を発足させる。

過去三〇年にわたる教学改革の失敗の経験を振り返ってみると、失敗は、まずは主として総長と理事会のリーダーシップ欠如とそのもとでの教授会エゴの衝突の結果であった。そして後には、失敗の原因は、主として新学部設置と教養部の改組という重なった問題についての理事会のリーダーシップの取り方の不適切さにあった。また学部長一人が情報を常に正確に教授会に伝え、かつ組織の改廃にかかわる意思決定に責任を負うことの無理も明らかとなっている。

その教訓を汲み取って本部組織の構成を考えた。しかし制度をいかに工夫しても、その制度がうまく働くか否か、最後は人にかかっている。理事会、教授会ともに過去の教訓を肝に銘じ、協力して改革案の策定にあたっていただきたい。

改革を上滑りの組織いじりに終わらせてはならない。

今日、西欧近代思想を支えとした資本主義産業文明が限界をあらわにし、人間社会はかつてない大転換期に直面している。また、日本の動向が世界の安定に影響を及ぼすほどに世界の中の日本の地位も大きく変化した。その中で大学の存在そのものが改めて問われるようになっており、他方現代に新たに登場したさまざまな難題に創造的に答えることが大学に強く求められている。それらの難題とは、環境、資源問題であり、人口爆発を抱えた南北問題であり、「市場の失敗」と「国家の失敗」の問題であり、またこれまで抑圧され差別されてきた女性やさまざまな少数民族、障害者などマイノリティの問題である。

法政大学として建学以来の精神を受け継ぎ、そして今日われわれが秘めているポテンシャルを最大限に活かし、いかに法政大学らしい独自のやりかたでこれらの難題を受け止め答えるのか。これが二一世紀へ向けての本学の教学改革の課題である。

そのさい継承発展させるべき本学のよき伝統として、私は、ボアソナード、梅謙次郎先生から漱石門下へと受け継がれた自由尊重の学風、夜学から発し、社会問題に敏感で、積極的に改革によってこれを解決しようとする社会的正義の学風、昭和初期以来世界経済分析の気宇壮大な論陣を張ってきた精神、そしてアジアの留学生を広く積極的に受け入れ広い人脈を築いてきたことをあげたい。さらに、人間社会の大転機にある今日、既成の人文、自然、社会諸科学の分離、細分化そのものが問い直され、新しい結合、統合を求められようとしていることに注目したい。自然科学系は、視野を広げ、人文社会科学の要素を採りいれること、大学全体としてはそのような自然科学系の充実を人文社会科学系の諸学部、特に新学部に活かすことを心すべきであると考える。

そこで、私としては、⑴高齢化社会と生涯学習がクローズアップされる今日、通信教育ともリンクし生涯学習への取り組みに的を絞った学部の新設を核として、社会人生涯学習の教育の新しいあり方を切り開くこと、⑵既成の学問分野の枠を越え、現代の難問に広い視野から総合的に取り組む学部、とりわけ途上諸国の人の心とふれ合うことのできる、国際交流、開発政策の人材および途上諸国の次の時代を担う人材などの養成に的を絞って取り組む学部を、改組転換または新定員の獲得によって新設すること、⑶理系一学科の新設によって自然科学系の基礎科学部門を強化し、工学部を理工学部へ改組転換すること、⑷そしてこれらによって三キャンパスそれぞれに新しい魅力を加えることを、今回の教学改革の要に置きたい。

以上の諸改革には既存諸組織の抜本的な再編成が必要となるが、本学の教養教育を重視する基本姿勢は変えるべきではない。豊かな教養は、人々が先人の文化的遺産を広く継承し、人間性を培い、世界の人々の相互理解と平和な暮らし、人間の自然との共生を確保する上で欠くことができない。そして今日の大衆化した大学において、学部教育は内容的にはすでにある程度専門に偏した広い意味での教養教育の場となっているといえる。高度の職業人を養成する専門教育の強化はむしろ今後主として大学院修士課程の充実によって追求すべきであり、今回の改革の一環としてそのための積極的施策を講ずべきである。

ただし、教養教育はこれまで種々の問題を持っていた別課程、別組織で行うのでなく、今回の改革を機に、垣根を低くした諸学部間の協力によって内容も一新して行う新しい方式を開発すべきであろう。

また、本学は、夜学から出発して永年にわたり勤労者に対するⅡ部教育の伝統を持ち、且つ日本最初の通信教育設置校としての誇りを持っている。改革が勤労者の実質的切り捨てになってはならない。この点に十分な配慮がなされるべきである。

最後に、今一度繰り返すが、全教員が心を合わせて取り組む教学改革を上滑りの組織いじりに終わらせるわけには行かない。

教学改革の原点は、他でもない、今日在学する学生に対する授業の改革、より広くいえばキャンパスライフの改革にある。大衆大学化、受験競争の激化とともに学生の自主的な学習意欲は低下し、それとともに学部教育と教員の研究との乖離、矛盾が深まり、教員の研究への逃避傾向も著しくなった。そして、形式から見ても内容から見ても、伝統的に大学教育の根幹であった講義の空洞化が著しい。

この現実に特効薬はない。しかし、少人数でのフェイス・トゥ・フェイスのゼミ、実験実習授業の充実を核としながら、講義を一人の教員に丸ごと任せてしまうのではなく、協同して教科教育法を工夫し、また、情報化の諸手段を積極的に活用しながら、この現実の改善へのこれまでにない強力な取り組みを始めようではないか。

5 「卒業生評議員選挙規則」の制定にあたって

（一九九五年）

法政大学は自由民権と自然法思想を建学の理念として創立され、これまで「自由と進歩」「開かれた学風」をモットーとして、百十五年に及ぶ着実な歩みを続けて来ました。しかし、二一世紀に向けて時代の大きな転換期を迎えた今、本学は新しい時代に向けて新たな出発を求められています。法政大学を二一世紀に向けて魅力ある大学にして行く為、私は三つの重要な課題があると考えています。第一は教学改革、第二はその受け皿となるキャンパス整備、第三はこれらの改革整備を進める為の土台づくりとしての、全学意思決定機構の整備であります。

第一の教学改革については、新たな知的創造の状況や展開を踏まえて、まず、すべての既存の学部や学科を見直し、その再編成による新学部、新学科の創設が必要と考えています。

また、生涯学習時代の要請に応える為、従来の昼間部、夜間部の区別を廃止して、両者を合体させ、昼夜開講制に移行して、勤労者、社会人の多様なニーズに応える体制を作ること、さらに、ポスト産業社会の中心的存在とされる大学院大学化時代の到来を踏まえた大学院教育の質的・量的な拡充にも取り組まなければなりません。

昼夜開講制はすでに大学院の経済学専攻修士課程、経営学専攻修士・博士課程で実施していますが、学部レベルでも学生の実態に合わせて既存の体制を改編し、一般学生や、勤労人学生、高齢者、主婦らの社会人の多様なニーズに応えられる教育システムを検討しているところです。とりわけ、社会人教育、生涯教育では本学は通信教育部が長い歴史と実績をもっています。このノウハウを生かしながら、学部、大学院の昼夜開講制といかに連結して行くかが今後の課題となるでしょう。さらに、市ヶ谷、多摩キャンパスのそれぞれに、国際化、情報化、高齢化社会の要請に応える新学部の設立も検討しています。

これらの教学改革の受け皿としてのキャンパス整備では、二六階建ての高層校舎建設を含めた市ヶ谷キャンパスの再開発計画が進められ、さらに、学生諸君の理解を深める為の大学改革問題シンポジウムが進行中です。また、マルチメディア社会の進展に対応する為の小金井キャンパスの再開発、新学部の設置に伴う多摩キャンパスの整備も必要となります。

以上の教学改革、キャンパス整備を着実に展開して行く為には、なんといっても全学意思決定機構の整備が大前提となります。自由と進歩を学風とする法政のこれまでの一つの大きな欠点は、自由には責任が伴うという当然のことがややともすると軽視されがちであったことです。本学の意思決定機構の中心的存在である理事会、評議員会、教授会がそれぞれの権限と責任を自覚して自由に意見を述べあい、十分な討議を重ね、一旦決定されたことは、それぞれの機関が責任をもって実行することが大切です。こんな当たり前のことが当たり前のこととして行われなかったことに、我が大学のこれまでの教学改革の遅れの最大原因があったと思います。その欠陥の一つのあらわれが数年前の川崎校地の売却をめぐる不祥事の出現です。

この不祥事への対応に前総長阿利莫二教授は全力をあげて取り組み、経営倫理綱領の制定、不祥事の遠因となった卒業生評議員の金権選挙を廃する為の選挙規則の改正等が行われました。さらに、理事、監事等の役員構成、その選出方法等について、寄附行為改正の検討が進められました。

志半ばにして急逝した前総長の後を受け、本年五月二九日に新総長に就任した私は、教学改革、キャンパスの整備、全学意思決定機構の整備を新総長の三大課題としてかかげ、この五ヵ月間鋭意努力を続けてまいりました。その結果、教学改革に関する総長提案に引き続き、目下、教学改革の具体的実施の為の組織づくりを進めており、市ヶ谷再開発については学生諸君の理解を深める為に、シンポジウムをはじめとするいろいろな努力を続けています。そして寄附行為の改正にも本格的な取り組みを展開し、とりあえず、前回の応急措置としての校友評議員の選任規則を抜本的に改めるべく検討し、今回皆様に御報告する次第となったわけです。

今回の新規則制定の最大のポイントは、原則として学校法人法政大学が設置した学校の全卒業生(付属校や通信教育部等の卒業生も含む)に選挙権が与えられたことであります。しかし、できるだけ多くの卒業生に実際に投票権を行使していただく為には、卒業生名簿の充実と正確性、規則改正の周知徹底が必要ですので、目下その為の努力を展開しているところであります。新しい評議員選挙規則に基づく選挙で、三〇万校友を代表するのにふさわしい評議員が選出され、法政大学の発展にご協力いただけることを心より祈念して、この一文の結びとします。

(法政大学報号外一九九五年一一月)

6　大学を考える

——大学教育と市ヶ谷再開発——

（一九九六年）

法政大学はいま二一世紀に向けての新たな大学づくりに全学をあげて取り組んでいますが、その行く手には多くの困難が横たわっています。特に、法政大学は過去に激動の大学紛争を経験し、さらに新学部の設立構想の実現に三度失敗するという苦い経験をしました。

法政大学の希望ある未来を切り開くために今、我々は何をなすべきでしょうか。

学生運動の激しさは、視点を変えれば社会的問題意識を持った活気あふれる学生が多数いたことを意味します。教授会の対立は、自由にものが言える教員が多数おり、大学が教授会の自治を強く尊重してきたことを意味します。この点について、我々は自負心と誇りを持ってよいと思いますが、自由に伴う自己責任の原則についての認識が不足していたのではないかとの反省が必要と言えます。さらには、広い視野にたって大学全体の見地から教学改革への取り組みを行うことが必ずしも十分でなかったことを反省すべきだと思います。

今後一番大切なことは、皆が率直にかつ自由に発言することです。暴力ではなく、言論で自由な発言をし、十分な討議をつくしてお互いの信頼関係を構築していくことです。そして、最終的にはそれぞれの機関が、その権限と責任を十分に自覚して行うべきことを行うことです。私はこれが大切だと思っています。

二度と過ちを繰り返さないためには、過去の失敗の歴史を忘れぬことが必要です。そして、希望の未来を切り開くために、新総長として、破壊の時代が終わったことを宣言し、法政大学の新たな魅力ある建設の時代に向け、全学の協力を求めつつ、全力を尽くす決意表明をこの場でしたいと思います。

（特別シンポジウム「大学教育と市ヶ谷再開発」挨拶、法政コンパス一九九六年特集号）

7　「我が家に宗教はあるか」一九九六年 年頭所感(1)

総長就任一カ月後の昨年七月一一日、私立大学連盟学長会議が市ヶ谷の私学会館でもたれた。メーンテーマは「二一世紀の大学における人間教育とはどうあるべきか」というものであった。キーノートスピーカーとして、日本宗教学会会長の田丸徳善氏と国際日本文化研究センター所長の河合隼雄氏が招かれ、「現代における生命の見方」、「現代青年の宗教性」という題目で基調講演が行われた。前者は理論的・体系的、後者は豊富な事例を引用しながらのスピーチで、ともに感銘の深いものであった。

高名な臨床心理学者河合氏の挙げられた一例は極めて印象的であった。裕福な会社役員の、極めて素直で成績も良い息子が、ある日、突然家庭内暴力をふるいだしたという話である。背丈も大きく育った青年の暴力の前に、当初両親は、ただただ驚き、逃げ回る日々であったが、やがて耐えかねた二人は、意を決して協力し、敢然と立ち向かうこととして、息子を問い詰めた。「お前には何不自由ない生活をさせているではないか。欲しい物は何でも買ってやったし、家庭教師をつけ、高い月謝を払って塾にも通わせた。その結果、良い学校にも入れたのに、一体何が不満で暴力をふるうのか」と。

しばらく沈黙して考えていた息子は、やがてポツリと一言。「我が家に宗教はあるか」と言ったという。この言葉が吐けたことによってこの子は救われ、再び、一家は平和な家庭に返れたというのである。この言葉、現代社会、現代青年の心理の問題点を一言でえぐり出す、極めて象徴的な言葉とは言えまいか。

五一年前、敗戦の廃墟の中から出発して、自由で豊かなアメリカを手本として、平和と民主主義の理想に燃えて、新しい国造りに励んだわれわれの世代は、すばらしい高度成長を成し遂げ、豊かな社会をつくり上げることに成功した。しかし、その過程の中で、われわれは物質万能主義に陥り、金さえあれば何でもできると過信し、神を忘れ、神を恐れぬ不遜な存在となったのではあるまいか。そして、子供達に、人智の及ばぬ存在、自然の恵みと恐怖を教えることを忘れたのではあるまいか。核家族化の進行の中で、子供達は老人の死に直面する姿、家族の嘆き悲しむ姿にあう機会も少なく、死の恐怖を知ることもなく育っている事実。唯ひたすら良き学歴を身につけることのみを目的として幼時から過ごしてきた日々。

それが、大学に入り、目的を到達した途端に、「人間いかに生きるべきか」、「我とは何か」の不安に襲われる日々となり、打開の道を見いだせぬまま、暴力にむかい、あるいは新興宗教に走る日々となったのではあるまいか。オウム真理教をめぐる諸問題は、他人事ではあるまい。

学長会議で、大学における人間教育を問題とし、また問題とすることを迫られている点に、まさに現代社会の病理、現代の大学の問題点がある。正月、家族だんらんのひととき、人智の及ばぬ存在について、ともに語り合ってみようではないか。

一九九六年　新春

（法政大学報一五号一九九六年）

8 「もっと光を！」 一九九六年 年頭所感 (2)

森鷗外《おうがい》は、わが郷土、石州津和野の生れである。彼の遺書の一節、「余は石州人森林太郎として死せんと欲す」の一文は、後代の評論家達によって様々の意に解されている。しかし、齢六五才を迎えた私には、この言葉・素直にうけとってよいように思われる。

前出雲市長岩国哲人氏は、去る年の法政大学校友会講演会において、老人会青年部の創設を紹介し、高齢化社会における老人パワーの活用を説いたが、六〇代も半ばをむかえると、気力はともかく、体力、記憶力の衰えは認めざるをえず、その分、幼時の記憶がなつかしくも鮮明によみがえる此の頃だからである。

最後の言葉といえば、旧制高校時代、熱烈にとっつかれた文豪、ゲーテの、「もっと光を」も有名である。ドイツ留学時の体験からすると、暗い室内照明を好むドイツ人の習慣からみて、部屋の暗さに、ゲーテは、「もっと明るくして」と言ったのではないかと思われる。しかし、この言葉も、つねに栄光を求め続けた大文豪ゲーテの最後の言葉として、重々しく解釈《かいしゃく》されてきた。青春の一時期、鴎外や漱石、ゲーテは果して偉大なりや、後代の評論家達によって作り上げられた虚像ではないのか、との不遜な疑念にとりつかれたことがある。しかし、後代の評論家達に、これほどの量的、質的評論をものせしめた彼等は、やはり偉大なのだと、奇妙な納得の仕方で結着をつけたのであった。

ところで、戦後の五〇年の節目であった昨年は、一月の阪神大震災を皮切《かわ》りとして、国の内外を問わず、多事多難な一年であった。ここでこれらの出来事を一つ一つあげつらうこともあるまい。わが法政大学にとっても、私個人にとってもそのような一年であった。

二月、法学部ＯＢにして畏友の遠藤光男弁護士の最高裁判事就任、三月、阿利前総長の病による総長辞任、二度にわたる総長選挙。その間、四月、阿利教授の逝去。大学葬の三日後の五月二九日、私の思わざる総長就任。この後、六大学野球に続く全日本大学選手権戦での野球部の優勝、この日、法政箱根荘の新築祝賀パーティー。ソフトテニス部、ホッケー部、アメリカンフットボール部の優勝。応援団（七〇年）、ヨット部（六〇年）、野球部（八〇年）の創部祝賀パーティー、山岳部のヒマラヤ、チョモランマ登頂成功などなどの祝賀行事、偉業が続いた。

この間、私立大学連盟学長会議、天城全国学長会議、多摩学長会議、国連大学国際シンポジウム等に出席し、大学改革について学ぶことの多い日々を過し、法政大学公開講座（青森）、校友会総会（本部、富山、関西）、後援会総会への出席による卒業生、父母との交流、また、韓国延世大学における国際交流協定の締結、タシケント大学の短期留学生の迎え入れ、韓国、浦項総合製鉄の企業派遣管理職のビジネススクールでの受託教育の受け入れ、能楽公開講座の開催など、世界や社会に開かれた大学としての諸行事への出席も続いた。

他方、大学経営のスリム化、活性化の為の「仕事調査」が全職員の協力の下に五ヶ月にわたって展開され、法政大学二一世紀審議会からの重要答申もあいついだ。これらを受けて、教学改革に向けての総長提案、卒業生評議員選挙規則の改正、市ヶ谷再開発に向けての「大学問題を考える」シンポジウム開催、懸賞論文の募集等への取り組みを行った。

一一月一八日、多摩移転一〇周年記念のパネルディスカッションが開かれたその日、中村元総長とともに多摩移転に心血を注がれた青木宗也元総長の訃報が届いたのも象徴的な出来事であった。新学部の創設に向けて、これから本格的な取り組みを始めようとしている矢先に、大学設置案や大学基準協会で要職を歴任された先達を失ったことは、わが大学にとって痛恨の極みであった。しかし、後に続く者の任務は、諸先達が一一五年にわたって営々として築き上げてきた良き伝統を継承し、更なる発展に力を注ぐことといえよう。

五一年前の日本は、戦後の廃墟の中から出発して不死鳥のごとくよみがえり、自由で豊かで平和な社会を作りあげることができた。今、その絶頂期のバブル経済が崩壊《かい》し、その繁栄の裏に蓄積されてきたかげりが、白日の下に曝されることとなった。しかし、問題は日本のみに起っているわけではない。世界全体がまさに世紀末的様相を帯び、動乱・変革の時代となっている。もっとも、物事の終りは物事の始りといえる。世紀末の時代は、新しい世紀の始りの陣痛の時代ともいえよう。

新しい時代、新しい未来に向けての夜明けを願って、疾風怒濤《とう》の時代を生き抜いた、天才ゲーテの、「もっと光を！」の言葉を、年頭所感として引用したい。

（『法政』一九九六年一月号）

9　教学改革雑感

（一九九六年）

大学冬の時代を迎えて、各大学はいま、いわば「生き残り」をかけた改革を進めている。阿利莫二前総長急逝のあとを受け、昨年五月末に新総長に就任した私の最大課題も教学改革にある。

就任以来九カ月、全学の危機感を背景に、理事会（法人）、学部長会議（教学）を中心とする教職員の協力体制がそれぞれの構成員の努力で結実し、本年一月一七日、理事会において教学改革本部の設置が決定され、翌一八日、第一回の教学改革本部会議を発足させることができた。これは、昨年七月の第一次総長提案以来、昼夜開講制の導入、既存学部の改組転換、新学部の設置等を中心とする教学改革をめぐる諸問題についての、教授会をはじめとする各方面における真剣な議論の積み重ねをその背景にもつものである。さらに言えば、その基礎としては、前総長のもとで設置された、「二一世紀の法政大学」審議会の精力的活躍がある。

学内のこれまでの諸討議の中で、私は、大学改革について多くのことを学び、また深く考えさせられたが、さらに総長として、私立大学連盟をはじめとする学外の多くの会議・会合に出席する機会を得、ここでも得るところ多き日々であった。本稿では、この九カ月間に学び、考えたことのいくつかを覚え書きとしてまとめてみたい。

(1) わが国の大学が当面する課題

昨年は戦後五〇年の節目にあたり、政治・経済・社会等の各領域において多面的な論議が展開された。大学教育についてもそうであった。教育の民主化と機会均等主義を踏まえた単線型の六三三四制の導入と高等教育の量的拡大が、戦後教育の特色と言える。

高度経済成長と国民の高い教育熱とがこれを支えた。マスプロ大学の出現は、知識の客観的・能率的射評価を可能とする〇×式入試を生み、偏差値重視の入試体制が一般化して、知識詰め込み型の画一的教育がはびこった。

いま、その反省として大学入試や教育の個性化・多様化が説かれている。その内容として、国際化、情報化、高齢化、地域開発、地方分権、地球環境、生涯学習等のキーワードが飛び交っている。大学冬の時代への対応策として、国公私立、大都市・地方都市の大学を問わず、全国の大学が一斉にこれらをカリキュラム内容とする学部・学科の新・増設に向かって走りだしている実状がある。文部行政もまた、これらに指導的な役割を果たしている。

それはそれとして歴史の大きな流れの一コマといえるが、心配がないわけではない。つまり、これは形を変えた画一主義と言えまいかの疑念である。個性化・多様化とひと口に言っても、それぞれの大学ごとに、それぞれの伝統、人的・物的諸条件、地域的環境、設立主体等が異なるのであるから、先のようなキーワードで代表される画一的なカリキュラム編成による流行に追い回された学部創設で、はたして真の意味での個性化・多様化が達成されるものであろうか。同一のキーワードであっても、その内容については、各大学ともその諸条件に応じた独自の改革案づくりの工夫が必要と言えよう。

(2)　三つの学長会議所感

ここで話題を変えて、総長就任以来出席した三つの学長会議の感想を述べてみたい。三つの学長会議はそれぞれに大変興味深く、またそれぞれが現代のわが国の大学が抱えている問題の一側面を掘り下げて参考になった。

一　第一の会議は、昨年七月末に開かれた天城学長会議である。これはＩＢＭの後援で全国の国公私立大学の学長を一堂に集めて、研修、情報交換、懇親を深めることを目的とする会議であるが、ここでの大きな話題の一つは、旧制高校のエリート教育の見直し論であった。旧制高校最後の入学者であった私には、同感するところ大きいものがあった。また、それぞれの個性あふれる学長たちが、それぞれの立場から、二一世紀に向けての大学改革について達見を開陳された。大学の理念や教育の理念を高邁に説かれる人文科学系の学長、システムの大切さを客観的に説かれる自然科学系の学長、様々の意見を聞いているうちに、私はふと、私の尊敬する民法の大家・我妻栄先生が、「私法の方法論に関する一考察」という有名な論文の中で説かれていた言葉を思い出した。それはこうである。「法律学は、実現すべき理念の探求を伴わない限り、盲目であり、社会の実情との関係を考えない限り、空虚であり、厳密な法的構成を伴わない限り、無力である」
法的構成という言葉をシステムという言葉に置き換えてみると、この言葉は、大学改革を考えるうえでも有用な指針と言えよう。深遠な理念、抽象的な理念を説くだけの大学改革論では無力である。かといって、経済的・技術的効率性のみを追求する大学改革は、理科オタクの人物群を輩出させる危険性があること、オウム真理教の人物像に見られるとおりであろう。また、大学進学率が同一世代の四〇％を超える今日の高等教育の社会的実状のもとでは、旧制高校的小人数エリート教育の全面的再現は望みうべくもあるまい。

戦後経済の高度成長は、大学進学率四〇％という高等教育の普及を可能にし、また逆に、高等教育の普及による人材の供給が高度経済成長を可能にもした。大学の大衆化は、約五五〇といわれる大学数を生み出し、一部に深刻な問題を抱えつつも、わが国の研究・教育水準を飛躍的に高めた。一億総中流化による国民の大幅な知的レベルの向上は、高度経済成長時代の大いなる遺産と言えよう。ただ、六三三四制の新制単線型高等教育体制の大きな弊害は、エリート教育を否定し、機会均等、形式的平等主義を徹底したことにある。もはや量的拡大が望めず、質的拡充に向かわざるを得ない成熟化社会における大学の重要課題の一つは、進学率四〇％の社会的実状を踏まえつつ、一〇％程度といわれる知能に優れた人材のエリート教育、創造力の育成教育をいかに実現し、希望の未来を切り開くパイオニアをわが国社会に供給しうるかにある。

理念、社会の実状、システムの三位一体的必要性を説かれた我妻先生の先の言葉は、三〇数年前の若き日、若手教授と語らってボランタリーな集まり、法政大学研究・教育体制懇話会を組織して、大学改革のための白書づくり、提言をしたときに引用した言葉でもあった。当時、マスプロ大学の弊害が顕著に現れ、やがて激動の大学紛争時代へと突入したのであったが、その過程の中で、我々の提言は、一部を除いて日の目を見ず、深い挫折感に襲われつつ、今日に至ったのである。

二　第二の学長会議は、私立大学連盟の学長会議である。七月初旬に開催されたこの会議では、「大学における人間教育」というテーマでシンポジウムがもたれた。かつては、人間教育は家庭のしつけの問題であり、小・中・高等教育までの、つまり大学教育以前の問題であったが、現代の大学は人間教育の必要性を考えざるを得ない深刻な状況にある。これも偏差値教育の一つの弊害であり、オウム真理教事件が如実に示した問題でもある。人間教育ははたして大学のカリキュラムに取り入れられる問題であるか、という問題の提起から始まって、しかし現実の問題としては、あまりにも精神的に未熟な学生の大量出現現象に対応せざるを得ない各大学の実状が話し合われた。

一時代前の学生は社会問題に関心をもち、学生運動に走ったのであるが、現在の学生は内に閉じこもり、宗教に心ひかれる傾向がある。そして我々大学人は、これへの対応を迫られている実状がある。

三　第三の学長会議は、一〇月に開かれた多摩学長会議である。多摩には短大・四年制大学を含めて約七〇の大学がある。これらの大学の学長が集まって、単位互換制度や図書館の相互利用といった大学間の相互交流、さらには地域住民との交流について話し合われた。基調報告として、大学の地域交流運動の先進地域である「京都における大学間の連携」について、同志社大の岩山学長の報告があり、そのあとに、多摩における三つの事例報告がなされた。

二一世紀における大学の一つのあり方として、開かれた大学への道が広く模索されるべきであるが、わが法政大学でも、大学院大学化時代を踏まえて、社会に開かれた大学として、経営や経済の夜間を主体とする昼夜開講制のビジネス・スクールを設け、昨年の四月から、日本初の博士課程も開設して好評を得ているところである。

多摩学長会議では、大学を中心とする都市づくりの構想も話題となった。多摩を一体化する環状モノレール構想もその一環としてある。大学を中心とした都市づくり・地域振興は、いま一つの全国的風潮でもある。大分県に開設される立命館アジア太平洋大学がその好例であり、私の郷里・島根県でも、地方文化・経済発展のために、浜田市の県立国際短期大学の四年制大学への昇格が計画され、その準備のために顧問を依頼されて、意見を述べる機会があった。環日本海、ロシアを含む北東アジア諸国への開かれた国際大学づくりが計画されており、抽象的な構想自体はすばらしいものであるが、具体的にはいくつか問題がある。

例えば、優秀な教授陣をいかに集め、大学冬の時代に、いかに学生を集めうるかにある。すでにいくつかの大学で行われているように、外国人教授の任期制による採用、外国人留学生の大量受け入れ、生涯学習時代における社会人教育など工夫は考えうるが、例えば次のようなことも考えられよう。

生涯学習時代は、生涯教授時代とも言える。高齢化社会における老人パワー活用の一環として、大学定年退職教授のほかに企業定年退職者の中の高度専門職者を任期制教授として迎え入れることである。セメスター制を導入して、半期集中講義を認め、教授会出席義務を免除すれば、大都会に居住しつつ、半期、地方の大学で講義を喜んで担当してくれる優秀な人材を見つけることが容易となろう。年金生活者である彼らは、ボランティア精神にも富み、さほどの高給を要求もしないはずである。いま、大学教授一般の任期制が問題とされているが、諸条件の整わない段階での一律導入はまず無理であろう。しかし、右のような任期制のほかに、三五歳程度までの若手教員の任期制採用については、大学教員の全国的流動性を高める点その他で、一考の余地はあろう。また、都会の学生と地方の学生との相互国内留学も考えてみたい。

(3)　教学改革推進のための基本的立脚点

先の教学改革本部第一回会議で、私は四つのキーワードを用意して、教学改革の基本的立脚点を明らかにした。このキーワードを考えるうえで大変参考になったのが、ノーベル平和賞の受賞者で作家のウィーゼル氏のスピーチである。

去る一二月四日、国連大学で開催された連続国際シンポジウム「希望の未来」の第一回シンポジウム「過去からの教訓」において、彼は、感動的な基調講演の締めくくりとしてこう述べた。「過去からの教訓は過去の失敗を忘れないことである。日本の国民は原爆の苦しみを味わった。しかし、他方において、周辺諸国に大変な苦しみをも与えた。未来はだれにもわからないが、少なくとも過去からの教訓として言えることは、未来の平和を守るためには、人類が犯した過去の失敗を忘れないことである」と。この言葉は、わが法政大学の教学改革を推進するにあたって、極めて教訓的である。

法政大学において教学改革は、すでに一九六〇年代から約三十数年間、いくたびとなく斬新なアイデアのもとに試みられてきた。しかし、大改革という点から見ると、多摩キャンパスへの経済・社会両学部の移転を除き、十分な結実を見るに至らなかった。過去の失敗の原因をたどってみると、当初の約一〇年間は総長・理事体制が短期間で交代したことにもよる総長・理事会のリーダーシップの欠如、中期の約一〇年間は大学紛争、そして近時の約一〇年間は法人・教学等の諸組織間の意思疎通の不十分さによる不信感に最大の原因があった。これらの過去からの教訓を踏まえ、教学改革の実施にあたって、全学の信頼関係の構築に意を注ぎ、これを組織的に保障するシステムとして、教学改革本部の組織づくりを行った。この「過去からの教訓」が第一のキーワードである。

第二のキーワードは、「発想の転換の必要性」である。高度経済成長の時代が終焉し、成熟化社会に突入した現在、高度経済成長時代の経験、ノウハウはもはや役立たないと思わなければならない。全学の英知を結集し、思い切った発想の転換で希望の未来を切り開く努力が必要と言えよう。

そこでは、量的拡充による経営改革が望めぬ以上、質的拡充による教学改革が必要とされる。学生・教職員への一人あたりの投資を増やして、質的に高度な教育・研究体制を構築することが課題と言えよう。「量から質への転換」――これが第三のキーワードである。

第四のキーワードは、「自由と自己責任の原則の再確認」である。法政大学は創設以来、ボアソナード、梅謙次郎から漱石門下の逸材たちに受け継がれた自由とヒューマニズム尊重の学風、社会正義に敏感で、世界経済分析に一大論陣を張った大内・有沢門下の学風、さらに、古くからアジアを中心に広く留学生を受け入れ、またわが国で最初に通信教育部を創設し、社会人を受け入れるという、世界や社会に開かれた学風を誇ってきた。

学生運動の激しさは、社会的問題意識をもつ、活気あふれる学生が多数わが大学にいたことを意味し、教授会の対立は、独立自尊の精神に富み、自由にものの言える教授が多数おり、教授会の自治が強く尊重されてきたことを意味する。この点については、我々は大いなる誇りと自負心とをもつものである。ただ、わが大学の欠点は、自由に伴う自己責任の原則についての認識が不足していた点にある。今回の教学改革本部の発足にあたり、個々の教員や教授会エゴを排斥し、全学的な視野からの教学改革への取り組みを、自由な討議の保障とともに、強く要請したゆえんである。

二一世紀は目前に迫り、我々に残された時間は多くない。教学改革を実現することにより、先人が努力して築き上げた伝統を後世に引き継ぐことが、我々に課された任務である。その舵とり役を務める総長職の重責をひしひしと感じるこのごろである。

（大学時報四五巻二四七号一〇頁、一九九六年）

10　インド科学大学訪問記

（一九九七年）

昨年四月、インド科学大学との間に国際協力協定を締結するため、担当理事（当時）の岡島敏教授（工学部）とバンガロールの同大学を訪問しました。

この協定は、両大学間の協力関係を発展させるためのプログラムとして、(a)研究者の交換、(b)研究学生（大学院レベル）交換、(c)協同研究プロジェクト、(d)合同会議、(e)合同文化交流プロジェクト等々を予定するものです。

インド科学大学は、一九一一年に創立された国立の大学院大学で、科学・技術分野における高度の研究・教育を担う、インド最初の、そして最高レベルの大学院大学です。マサチューセッツ工科大学がアメリカにおいて占める地位に匹敵するものといわれています。

キャンパス面積は四四三エーカー（多摩キャンパスの約二倍）もあり、よく整備された公園のようなキャンパスには、ブーゲンビルなど色とりどりの花をつけた木が生い茂り、猿等の野生動物がのんびり遊んでいる様が印象的でした。この中に近代的な建物群が程よく配置されていましたが、大学の構成は、生物学、化学、電気、機械、物理・数学の五部門からなり、その中にさらに六ないし九のデパートメントやセンターが設置され、全部で四〇を超える研究・教育機関が設けられています。

この大学院大学では、インド全国から選抜された約八千人の俊秀達が全寮制の宿舎に住み、そのほとんどが国費その他の奨学金を得て、日夜研究に励んでいます。教授陣も優秀で、ノーベル賞受賞者やそれに匹敵する教授達が沢山いると聞きました。古来、インド民族は、論理的思考能力に長け、宗教、哲学、数学に多数の天才を輩出していることは周知のとおりです。

国際協定締結の背景には、一九八一年から二年間、法政大学国際交流基金の援助を得て、わが大学の工学部に研究留学されていたラグナンダン教授の仲介の努力があり、旧知の岡島教授との親密な交流関係が実を結んだものです。

四月一五日の調印式は、大学の本部会議室に、パドマナアバン総長をはじめ副総長、学長、各部門の議長等一〇名を超えるスタッフが集まって行われ、岡島教授による法政大学のプレゼンテーションの後、私とパドマナアバン総長とが協定文書にサインしました。この後、大学のゲストハウスでレセプションに入り、親交を深めました。ここで、教授達が口々に日本に対する大きな期待を語ってくれたのが印象的でした。というのは、インドはこれまで、イギリスやアメリカとの交流が中心で、民族的気位が高く、日本との学術交流にはさほど関心がないと聞かされていたからです。しかし、近時インド経済の自由化とともに、アジア諸国とくに経済大国日本への関心が急速に高まったことが変化をもたらした原因のようです。彼らは特に、日本から、バイオ技術、マスメディア関係のハイテク技術を学びたいといっていました。

レセプションの後、大学の諸施設をざっと見学し、コンピューターセンターでは院生達の活動状況を紹介されました。このセンターはアメリカのナサの宇宙衛星基地と直結しており、宇宙衛星を通じて送られてくる大気汚染等の地球環境関連の観測データを院生達が数理的、統計的に分析、処理して送り返します。それがナサで画像処理された後再度送り返され、研究を展開するといった状況で、コンピューターネットワークによる世界同時進行的な第一線級の研究・教育が行われている実情がよく分かり、たいへん興味深い体験でした。

この大学の悩みは、折角多額の国費を使って院生達を育てても、優秀な頭脳がアメリカ等の先進諸国に流出してしまうということでした。この状況は戦後の日本の頭脳流出の状況によく似ていますが、教授達は、インド経済の自由化による未来展望に大きな自信を持ち、やがては彼等も先進諸国での研究成果を祖国に持ち返ってくれるから心配ないと語っていました。

大学都市バンガロールは高原地帯に位置し、日本の軽井沢のような気候風土で、美しい、環境に恵まれた町で、物価は日本の十分の一位、日本からの訪問者にとってはたいへん快適な都市といえましょう。バンガロール訪問後私達はニューデリーにとび、デリー大学（日本の東大にあたるインド最高の総合大学）との間で交流協定締結の交渉をしましたが、昨秋、締結にこぎつけました。

インドは古代と近代の入り混ざった混沌の国で、目下は経済成長がはじまったばかりの混乱状況にありますが、中国同様、二一世紀の経済大国への可能性を秘めた魅力ある、注目すべき国といえましょう。

（法政コンパス一九九七年）

11　第一一四回　法政大学学位授与式　告辞

（一九九六年）

卒業生諸君、卒業おめでとう。

この四年間の諸君の大学生活は、日々充実したものであったと思います。諸君の前途のご多幸を祈るとともに、今日のこの日まで、永年にわたって諸君をいつくしみ育ててこられたご両親やご家族の方々に、まずもって法政大学を代表して、心からお祝いを申し上げたいと思います。

さて、卒業生諸君の活躍が期待されている二一世紀は目前に迫っています。しかし今は、新しい世紀が始まる前の陣痛の時代です。昨年は戦後五〇年の節目にあたり、いろいろな論議がたたかわされました。五一年前の日本は、戦後の廃墟の中から出発して不死鳥のごとくよみがえり、自由で豊かで平和な社会を作りあげることができました。しかし、今、その絶頂期のバブル経済が崩壊し、その繁栄の裏に蓄積されてきた陰りが白日の下にさらされています。しかし、問題は日本のみに起こっているわけではありません。世界全体がまさに世紀末的様相を帯び、動乱・変革の時代となっています。世紀末といえば、わが法政大学の創立は、今を去る一一六年前の一八八〇年、一九世紀末でありました。法政大学の初代総長、梅謙次郎は、フランスに学び、ボアソナードの衣鉢をついで、近代市民社会の基本法典である現行日本民法典を起草した三人の起草者の一人として知られています。この近代市民法を貫く基本理念は、法の下の平等、私的所有権の尊重、契約自由の原則、自己責任の原則の四つに集約されます。

この四大原則は、封建社会を打破し、新しい市民社会を生みだした、近代市民革命の成果を法典の中に結実したものであります。

この四大原則を守ることが社会の進歩に連なるものと考えられたのであります。わが法政大学の学風「自由と進歩」はここに由来します。

しかし、その後の資本主義社会の発展は、ご承知のように様々の矛盾を生み、この四大原則の修正を要求し、そのはてに、人類は社会主義社会を一部に実現しました。しかし、今日、この四大原則を否定し去った社会主義社会は崩壊し、二〇世紀における人類の壮大な実験は失敗に帰しました。このことはしかし、資本主義の勝利を意味するものではありません。資本主義諸国もまた、様々な矛盾・問題をかかえています。人類は今一度、近代市民社会の出発点に立ち返り、先の四大原則を踏まえつつ、二一世紀にむけて、希望の未来を切り開くために、新たな模索をはじめることになりましょう。正に現在は、世紀末の変革・動乱期です。

ところで、世界や日本と同様に、大学もまた、今、変革期にあります。大学のあり方そのものが問われており、知的共同体として厳しい自己変革を迫られております。さらに少子化時代を迎え、とくに私学は、大学冬の時代の中で生き残りをかけた生存競争時代になっています。この危機を打開し、二一世紀に向けて魅力ある大学を作るために、わが法政大学は、先日、教学改革本部組織を発足させました。そして、私は、教学改革推進のための基本的立脚点として、四つのキーワードを掲げました。第一は、希望の未来を切り開くための過去からの教訓、第二は発想の転換の必要性、第三は量から質への転換、第四は自主と自由、自己責任の原則の再確認です。私は、今、大学のあらゆる会合でこのことを繰り返し繰り返して説き、理解と協力を求めています。

このキーワードは、ひとり大学改革の指針であるのみならず、二一世紀において活躍を期待されている諸君の活動指針としても有用であると信じますので、次に、若干のコメントをつけて、諸君へのはなむけの言葉としたいと思います。

昨年一二月四日、国連大学で開催された連続国際シンポジウム「希望の未来」の第一回シンポジウム「過去からの教訓」において、ナチスのユダヤ人収容所の生き残りで、ノーベル平和賞を受賞した作家のエリー・ウィーゼルは、感動的な基調講演のしめくくりとして、こう述べました。「過去からの教訓は過去の失敗を忘れないことである。日本の国民は、原爆の苦しみを味わった。しかし、他方においてアジアの諸国に大変な苦しみをあたえた。未来は誰にも分からないが、少なくとも過去からの教訓としていえることは、未来の平和を守るためには、人類が犯した過去の失敗を忘れないことである」と。諸君、希望の未来を切り開くためには、まず歴史を勉強してください。世界の、日本の、諸君の勤める職場の、そして自分の歩んできた道を。そして、失敗の原因を探り、それを正面から受けとめ、それを忘れないでください。

第二のキーワード、「発想の転換の必要性」とはこうです。高度経済成長の時代が終焉し、成熟化社会に突入しようとしている日本の今日、高度経済成長時代の経験、ノウハウはもはや役に立たないと思わなければなりません。思い切った発想の転換が必要です。一代で本田技研を作りあげた本田宗一郎社長の話をかつて私は聞いたことがあります。彼は、企業の発展にとっていかに発想の転換が必要かをいくつかの例をあげて話しましたが、その一つを紹介してみましょう。

本田社長のお嬢さんが結婚され、オーストラリアのシドニーで新居を構えることになった。そこで新居の購入費用をプレゼントされたところ、礼状がきて、こう記してあった。「お陰で北向きのたいへん日当たりの良い家が買えて、喜んでいます。」と。この礼状を読んだ本田さん、はて北向きの日当たりの良い家とは、と一瞬怪訝に思ったが、そうだ、シドニーは南半球なので、太陽は北半球とは反対の方向からさすのだと気づき、納得するとともに、日は南からさすものだとの固定観念にとらわれていた自分に気づいたというお話です。

発想の転換のために、広く情報を集め、深く分析し、遠く未来を見通すことが必要です。いろいろな人と交わり、いろいろな地方や国に行って見聞を広めることも必要です。二一世紀は、情報化、国際化、国を越えて人々が交わる、ボーダレスの時代です。諸君、スケールの大きい視野を身につけてください。

第三のキーワード、量から質への転換とはこうです。戦後の日本は、量的拡大を目指して頑張ってきました。敗戦後の日本、資源の少ない日本は、ともかくみんな貧しかった。豊かな、夢のような国、アメリカを目指して、安い賃金に我慢して寸暇を惜しんで働き、安い商品を大量に作り、大量に輸出してドルを稼ぎ、経済を発展させました。この過程で優秀な労働力を大量に確保するために、高等教育機関を大量に作り、大量に学生を入学させていわゆるマスプロ大学、マンモス大学が出現しました。教育の民主化と機会均等主義を踏まえた単線型の六三三四制の導入がこれを支えました。

しかし、大量輸出は貿易摩擦を生み、日米自動車戦争を巻き起こしました。他方、経済の高度成長の結果、給料が上がって国民は豊かになりましたが、商品の生産コストが上昇し、安い賃金を求めて資本は国外に流出し、いわゆる国内産業の空洞化現象が発生しました。加えて、韓国、台湾、さらにはシンガポールやマレーシア等の東南アジア諸国の産業が発達し、安い商品を大量に輸出し、日本の後を追ってきました。中国もこれに続いています。もはや日本は、これらの諸国の安い労働力には太刀打ちできません。また、アメリカなどの先進諸国の先端技術を真似、その後追いをする時代も限界に近づきつつあります。今後の日本が戦略的に取り組んでいかなければならないのは、質的に高度な産業の育成です。その中心となるのはハイテク、とくに情報通信技術あるいは未知の分野が多い生物科学、バイオテクノロジーなどでしょう。これらの技術を発展させるためには、創造力に富んだ、オリジナリティーをもった人材を育成することが大切です。戦後民主主義は、教育の民主化と機会均等主義を背景に、高度教育の量的拡充には成功しましたが、多面において、競争をなくし、オリジナリティーをもった人材を育成する点で問題がありました。これからは教育の質が問われる時代です。そこで今、その反省として、教育の個性化、多様化が説かれ、その内容として、国際化、情報化、地域開発、地方分権、地球環境、生産学習等のキーワードが飛びかっています。もっともではありますが、心配もあります。これは形を変えた画一主義ではないかの懸念です。

真の意味での個性化、多様化、創造性とはなにか、いかにして質を良くするか、諸君、よく考えてこの近代市民法の基本原理は、ローマ法以来、人類が戦い、かちとってきた不滅の原理です。二〇世紀に犯した、日本の軍国主義の失敗、東欧諸国の社会主義の失敗を過去からの教訓として、人類が、そして我々が二一世紀に向けて希望の未来を切り開く為には、先に述べたように、発想の転換、質的拡充が必要です。その為には何よりも独創力、創造力の育成が必要です。そしてそのためには、自主と自由が保障されていなければなりません。人々が自己の自由な判断と責任において行動することが大切です。今、住専処理問題をめぐって企業の自己責任が問われていますが、自由に伴う自己責任は、近代法の基本原則であり、当たり前のことです。この当たり前のことが、今、あらためて問われているところに、問題の根の深さがあることに、諸君、気づいてください。

さて、私の告辞もそろそろ終わりにしたいと思います。一九世紀の末に発足した、わが法政大学は、その後一一六年にわたりボアソナードや梅の説いた、自主と自由尊重の学風を、漱石門下の逸材たちが受け継ぎ、社会正義に敏感で、世界経済分析に一大論陣を張った大内門下がさらにこれを発展させました。さらに、わが法政大学は、古くからアジアの留学生を広く受け入れ国際交流に力を注いできました。

卒業生諸君、どうぞ、わが大学のこのような素晴らしい伝統、自由と進歩、開かれた学風を自覚し、誇りと自信をもって、希望の未来を切り開くパイオニアとなってください。すでにわが大学は三〇万人の交友とそのネットワークをもっています。これは諸君の貴重な財産です。このあとでお話いただく、遠藤光男最高裁判事、あるいは、野村証券の酒巻社長、安田生命の大島社長といった巨木、巨石をわが大学は日本の社会に今日送り出しています。また、巨木といえなくとも美しい花を咲かせているＯＢ、雑草のごとくたくましく生きているＯＢ、社会の敷石としてこれを支えているＯＢも沢山います。これらが手をつなげれば、林となり森となり、大きな山脈となります。法政大学総長として微力ながら私は、これらのネットワーク造りに力を注ぎ、日本に、世界に、大きな法政山脈を作って、法政大学を二一世紀に向けて魅力ある大学に、そして世界に貢献できる大学に変革していきたいと思っています。どうぞ諸君、卒業後も、わが大学の発展に諸君の力を貸してください。それが諸君の財産を増やすことにもなるはずです。

卒業生アルバムの中で、私は、卒業生諸君に「心のなかに太陽を保とう」というシュバイツァーの言葉を贈りました。パイオニアには、ロマンと勇気と情熱、さらには他人を思いやる暖かい心が必要です。この言葉がそれを象徴する言葉だと思います。

諸君の前途に希望の未来が開けることを祈って、私の告辞を終わります。諸君、さようなら。

一九九六年三月二四日

12　一九九六年度入学式　式辞

新入生諸君、入学おめでとう。法政大学は諸君の入学を心より歓迎いたします。ご両親やご家族の方々にも心よりお喜び申し上げます。

この式辞において、今日私は二つのことを諸君にお話ししたいと思います。第一は、諸君がこれから学ぶ法政大学について、第二は大学で学ぶ学問の意義についてであります。

わが法政大学は、一八八〇年、明治一三年四月に創設された東京法学社にはじまり、本年は創立一一六年目となります。当時の日本は、自由民権運動の盛んな時代であり、政府の側も急速に近代的な法制度の整備を進めていました。明治一三年には、わが国最初の近代法典である「刑法」と「治罪法」（後の刑事訴訟法）とが公布されました。この年八月に専修学校（現在の専修大学）、一二月に明治法律学校（現在の明治大学）が創立されています。

東京法学社の創立者は当時の法律ジャーナリストや代言人（現在の弁護士）などであって、いわば無名の人、数名が同志的結束の下に、時代の要請にこたえて創立したものであります。慶応の福沢、早稲田の大隈、同志社の新島といった傑出した偉大な創立者の創立にかかわるものではありません。

しかし、このことがその後、わが大学の学風となった「開かれた学風」の基礎を形づくることとなります。

東京法学社はその後明治二二年に和仏法律学校と名称を変えますが、創立当初からフランス法を中心として教育する学校であり、パリ大学教授で、日本の近代法典を整備するために明治政府の顧問として、フランスから招聘されていたボアソナード博士がフランス法を教授し、さらには教頭に就任して創設期の本学の基礎固めに大きな貢献をしました。

明治三六年に、本学は法政大学として発足する事になりましたが、初代総長に就任した梅謙次郎は、島根県の松江の出身で、フランスのリヨン大学に学び、和解論で法学博士の学位を取得した秀才で、帰国後、今日の東京大学法学部の前身である東京法科大学教授となりました。彼は、ボアソナードの衣鉢をついで、近代市民社会の基本法典である現行日本民法典を起草した三博士の一人としても知られています。

この近代市民社会を貫く基本理念は、法の下の平等、私的財産権の尊重、契約自由の原則、自己責任の原則の四つに集約されます。封建社会を打破し、新しい市民社会を生み出した近代市民革命の成果が、この四大原則に集約され、基本法典たる民法典の中に結実し、日本民法典もこれを継承したのであります。そして、この四大原則を維持し、貫徹することが社会の進歩に連なるものと考えられたのであります。わが法政大学の建学の理念である「自由と進歩」はここに由来します。

ボアソナードや梅の説いた、自主と自由尊重の学風は、その後、文学部に集った夏目漱石門下の逸材や、哲学者西田幾太郎門下の京都学派の逸材達によって受け継がれ、さらにまた、社会正義に敏感で、世界経済分析に一大論陣を張った、大内兵衛、有沢広巳門下の逸材達が経済学部や経営学部に集まって、この学風を発展させました。

このようにわが大学は古くから門戸を広く開放して、いろいろな大学から優れた学者を集め、自主と自由にみちた活気あふれる大学であることを誇りにしています。この門戸開放の学風は国際的にも及び、わが大学は古くからアジアの諸国から多数の留学生を受け入れております。今年度は、学部生と大学院生をあわせて八三名の留学生を迎え入れ、在籍者総数は約四〇〇名にのぼります。さらに社会に開かれた大学としても、実績を誇っています。すなわち、わが国最初の通信教育部を第二次大戦後に開設して市民の生涯学習の要請にこたえ、近時はさらに大学院大学時代を踏まえて、昼夜開講制のビジネス・スクールを開いて広く企業人、社会人を受け入れ、昨年は、ビジネス・スクールとしてはわが国初のドクターコースをも開設して注目を浴びています。

このように法政大学は、明治以来、自由と進歩、門戸開放を学風として一一六年にわたり、社会に有用な人材を多数送り出してきました。卒業生の数は三〇万人を超え、大きな法政山脈を日本に、世界に形成しています。諸君はこのような法政山脈の一員として、今日、わが大学に迎え入れられたのであります。諸君は、このような学風、大学を大いなる誇りとして、校歌にいう良き師、良き友と大いに交わり、大いに勉強して、自らを大きく成長させて下さい。

次に大学で学ぶことの意義についてお話しします。わが大学の九二年館、大学院のロビーの壁面に、ギリシャ文字で、〈グノティセアウトーン〉「汝自身を知れ」という言葉が刻まれています。この言葉は、デルフォイのアポロン神殿の柱に刻まれていた言葉であります。ソクラテスは、この言葉を彼の哲学の中心命題として重視しました。ソクラテスは、対話を通じて相手にその無知なることを自覚させ、そこから出発して真の認識に到達させせようとしたといわれています。大学における学問の出発点は、まず、己の無知なることを謙虚に知ることから始まるといえましょう。

ところで、大学における学問は、まず、既成の事実、自明とされている原理、原則を疑うことから始まります。そして、当面の問題を解決するために、広く書物その他から情報を収集し、それを素材として深く考え、一定の仮説を立てて分析し、その結果を検証し、体系的に整理し、諸現象の背後にひそむ、普遍的な原理、法則を発見あるいは抽出し、謎をときあかし、未知のものを探り、遠く未来を予測して、対策を講ずる。このような人間の知的、主体的な営みが学問であり、科学であります。したがって、大学で学問を始めるにあたって何よりもまず大切なことは、自分で考えることによって問題を発見し、自分で考えることによって問題を解決していくという能動的な姿勢です。教壇から一方的に知識の伝達を受けるというこれまでの高校までの学びの姿勢は捨てて下さい。

なお、先に、広く、深く、遠くといいましたが、これは理想であって、初学者がこれをすべて追及することは不可能であり、ときに矛盾することもあります。広く書籍を読みあさり、博識を得ることも大切ですが、それのみに心を奪われますと、深く考えることがおろそかになり、過去にのみ目を奪われ、未来を創造的に見通すことが困難となります。初学者にはまず、一冊の基本的文献を深く、繰り返し、繰り返し読み込むことから始めることをおすすめします。

本居宣長が「古事記伝」の完成後に、初学者のための道しるべとして書いた「宇治山踏」という書物があります。その中で彼はこう述べています。「初心のうちはこうもすること。文章の意義の呑み込みにくいところを、初めから一つ一つ解そうとしては、途中でしぶって先に進まぬことがあるから、分からぬところはそのままにして読みすごせばよい。とりわけ、世にここは難解としてあるくだりを先ばしって知ろうとしてはますます悪い。ただよく分かっているところをこそ、気をつけて深く味わうがよい。ここはよく分かっているとおもってざっと見すごしてしまうと、全て細かに意味も解しえず、また多く勘違いもあって、いつまでもその誤読をさとりえないことがある」と。けだし、初学者にとって貴重なアドバイスといえます。

さて、私のお話もそろそろ終わりにしたいと思います。諸君の活躍が期待されている二一世紀は目前に迫っていますが、現在の日本や世界の状況は混沌とした状況にあり、まさに世紀末の動乱・変革の時代にあるといえます。アメリカ・ソ連という二つの大国による冷戦体制の崩壊後、未だ新たな秩序は形成されず、アジア諸国の急速な台頭の中で、日本は今、その進むべき道を探しあぐねています。明治以来の日本は、西洋に学び、ひたすら近代化の道を追ってきました。しかし、今日、日本の近代は成熟期に達しました。もはや日本のモデルになる国や学ぶべき科学、技術は極めて数少なくなりました。これからの日本は、学術、文化、経済、政治などのあらゆる分野で、世界に貢献しうる国になることを求められているといってよいでしょう。

そのために必要なことは、創造力に富んだ、オリジナリティーをもった人材を育成することです。わが法政大学は目下、二一世紀にむけて魅力ある大学造りに、全学をあげて取り組んでいますが、そのための中心的なキーワードとして、私は、教育の量から質への転換を説いています。これからは教育の質が問われる時代であり、大学にとっては、いかに考える習慣をもった学生、創造力に富んだ学生を育てるかが、重大な課題といえます。

諸君のこれからの四年間は、自分とは何かをまず知り、考えることからはじまって、考えることに終わる、そういう学生生活であることを期待しています。そのためには、良き師、良き友を求めて、積極的に活動して下さい。大学の門は、自ら扉を叩く者にのみ開かれます。自分の部屋に、一人孤独に閉じこもることなく、大学のキャンパスを大いに闊歩して下さい。諸君が大きく成長し、二一世紀に向けて希望の未来を切り開くパイオニアとして育ってくれることを心から期待して、私の式辞を終わります。

一九九六年四月三日

13 総長退任の挨拶――評議員会において

（一九九六年）

ただいま開催しました理事会におきまして、清成忠男教授を総長に選任することを決定いたしましたので、ご報告を申しあげます。

先ほどの理事会決定の時点で私は前理事長ということになったわけでございます。以上のご報告をもちまして私の任務が終了いたしました。一年にわたりまして皆さまには大変お世話になりました。退任にあたりまして一言ご挨拶を申し述べさせていただきたいと思います。若干のお時間をいただきたいと思います。私は昨年の五月二九日に阿利前総長の病気退任の後を受けまして、まったく思いがけずも伝統のある法政大学総長という大役をお引き受けすることになって一年がたちました。そして、今日、清成新総長の選任が無事に終わりまして、新総長に後事を託することができることとなったいま、何とかひと仕事終えたなという静かな喜びに包まれております。

昨年の総長就任にあたりまして私は三つの政策目標を掲げました。教学改革、市ケ谷再開発、そしてその前提としての全学意思決定機構の整備、とりわけ寄附行為の改正の三つでございます。この一年間この三つの政策目標に取り組みましたほかにもさまざまな改革課題に取り組みまして、全学の皆さまのご協力のもとに幸いいくつかの成果を挙げることができました。ここでそれらを一つひとつ挙げることはいたしませんけれども、その評価につきましては皆さまのご判断にお任せしたいというふうに思います。

ただ私個人といたしましては、皆さまの大変なご協力をいただきました結果、この一年間の最重要目標でございました寄附行為およびその関連規則の整備、とりわけ卒業生評議員選挙規則の改正を行うことができました。それが非常に深く印象に残っております。亡き阿利元総長は川崎校地の売却をめぐる不祥事の後始末に専念され、寄附行為の改正を法政大学戦後五〇年の総決算課題として位置づけられながら、志を果たせぬままに逝去されました。そのあとを受けまして、その遺志を引き継ぎ、不十分ながらいちおうの決着をつけることができました。これは偏に皆さまのご協力のお陰でございます。目下、新卒業生評議員選挙規則に基づきまして選挙活動が始まっておりますが、この選挙によりまして三〇万卒業生を代表する新しい評議員が選出され、さらにこのなかから新しい卒業生理事が選任されまして、法政大学と校友との間の新しい希望の門出が始まることを私は期待しております。

ただ、私としては一つだけ心の痛むことがございます。それはこの大改正の結果、これまで長年の間わが大学のために大変ご尽力をいただき、さらには今回の選挙規則の改正にご協力をいただきました現卒業生評議員の皆さま二八名のうち一五名もの方、正確に申しますと萩原監事がお亡くなりになりましたので一四名ということになりますが、ともかくその方々が今回の選挙への立候補を断念される結果となったということでございます。ここに改めまして、これらの皆さまの長年のご功績に対しまして心より感謝の意を表したいと思います。

なお、これだけの大改革をやりました以上、私もまた無傷ではあり得ません。今回の改革はいろいろな意味で多方面にご不満、ご迷惑をおかけしたと思います。いわばその返り血を浴びてこのたびの総長選で私が落選したという面もあるかと存じます。これが法政だという感がいたします。どうぞ私の落選に免じまして、一五名の皆さまをはじめとする多くの方々のご不満につき、お許しをいただきたいと思います。さらに、評議員選挙に立候補されています方々には心よりご健闘をお祈りするとともに、見事ご当選なさいましたあかつきには、わが大学の発展のためによりいっそうのご援助を賜るよう切にお願い申しあげます。

さて、少子化時代を迎えまして、臨定削減という大嵐を目前にしているいま、わが法政大学は遅れに遅れました教学改革やキャンパスの整備を一日も早く完成させる必要がございます。もうコップのなかの嵐を繰り返している余裕はわが大学にはございません。この一年間、寄附行為の改正と並びまして教学改革本部、企画委員会、プロジェクトチーム等の改革諸組織を発足させました。そして何とか改革のための基礎づくりができました。これをうけて、すばらしいビジョンをもたれる清成新総長の下で全学が一致協力して改革を断行されることを期待しております。

開かれた学風、さらには教学優先の民主的大学運営をこれまでわが大学は誇ってまいりましたが、他面におきまして非常なまとまりの悪さをもっております。そのことのゆえに、これまで教学改革が何度か失敗いたしました。失敗を繰り返しました。しかし、他方ではあの激動の大学紛争の時代に、全学が一致協力いたしまして自主的に大学封鎖を解除し、紛争を乗り切ったという誇るべき伝統もわが大学はもっております。思想、信条を異にする人々が多数いるということは、特に大学という場におきましては当然のことでございます。また大学はそういう場でなければならないと思っております。これらの人々が常に一致団結するということはあり得ません。しかし、当面のわが大学が置かれた状況下での大学改革にあたりましては、申すまでもないことでございますけれども、個々人の思想、信条の差異、大学内部、あるいは校友内部、さらには大学と校友との間の長年の不信感、感情のもつれ、さらにはわだかまり、こういったものを止揚いたしまして、それぞれの立場、意見を認め合い、尊重しつつ、十分な議論を積み重ねて、大局的な見地から協力し合って、改革の遂行が成されることを私としては祈ってやまない次第でございます。

最後に、ごく個人的な感想をあと一言述べさせていただきたいと思います。私は大変、浅学非才な身でございます。そのうえに理事の経験もまったくございませんでした。大学院議長からいきなり総長・理事長という大役をお引き受けいたしまして、この一年、全学の皆さまに大変なご不満、ご迷惑をおかけしたことと思います。心よりお詫び申しあげます。

私個人といたしましては、ただひたすらに法政大学発展のために一党一派に偏することなく、中庸の道を歩み、是々非々主義の立場を一貫して貫くことを信条としてこの一年間、何とか頑張ってまいりました。しかし、それぞれのお立場の方から見ますと、いったい下森はどちらの立場なのだとうけとられ、私の態度がご不満を生む原因となり、非常に頼りない総長だと思われた方も多いかと思います。そのように感じさせたことは、もちろん私の力量不足でございます。それが最大の原因でございますけれども、ただ、このような私の生き方を皆さまに理解していただくためには、一年という期間はやや短かったかなという気がしないでもございません。しかし、何はともあれ、皆さまのご協力のもとに無事一年の任期を終えることができました。大変ありがとうございました。

多事多難の一年でございました反面、六大学野球の優勝パレードに始まって、またパレードに終わるという非常におもしろい巡り合わせの一年でもございました。この間に「二一世紀の法政大学」審議会の答申が相次いでなされ、仕事調査や四度にわたる大学改革、市ヶ谷再開発をめぐるシンポジウムが全学の協力のもとで行われました。さらには応援団、ヨット部、スケート部等の創部記念を祝う華やかな行事も相次いで行われました。体育会運動部の各方面での活躍もございました。司法試験に久しぶりに八名の合格者を出したというふうな、わが法学部にとってうれしいこともございました。先ほどご紹介しましたように、韓国の延世大学、インドのインド科学大学、台湾の中山大学、こういった大学との国際交流協定の締結、さらには上海外国語大学への表敬訪問、各種大学学長会議への出席、あるいは中央や地方における校友会、後援会支部、あるいは総会への出席、こういったことがたくさんございまして、貴重な人生体験をさせていただきました。大変感謝しております。

阿利元総長と異なりまして、幸いにも私は健康に余力を残して退任し、大学から消えることもなく、再び学問と学生のもとに帰っていくことができることを大変うれしく存じております。今後は一教員といたしまして大学の一隅から大学の発展を静かに見守っていきたいと思っております。

最後になりますけれども、いま一度、皆さまのご協力に心から感謝の意を表させていただきたいと思います。それと同時に、今後のご厚情をお願いし、かつ、大学の発展と皆さまのご多幸を祈念して私の退任の挨拶を終わらせていただきます。どうもありがとうございました。

（一九九六年六月）

V　ロースクール教育

1　二一世紀の法曹像を求めて

（二〇〇〇年）

一九九〇年代に入って、世界の技術環境は大きく変わった。それは通信・情報革命であり、インターネットに象徴されるような、いわゆるＩＴ（インフォメーション・テクノロジー）革命によるものである。かつての産業革命時代と同様、技術革新が経済・社会の効率性の改善にとどまらず、個人の思想・信条、生き方、生活そのものをも根本的に変えることが予想されるといわれている。また、二一世紀の社会はハードより、ソフトが重視され、法化社会の時代だとも説かれている。かかる時代に社会が求める法曹像は如何なるものであろうか。それを知る上で、近時、司法改革の一環として論議を呼んでいるロー・スクール構想をめぐる議論が示唆に富む。

たとえば、ジュリスト一九九九年一二月一日号は、「法曹養成と法学教育」についての特集記事を掲載している。ここでは、第一部で、ロー・スクール構想案に関する東京大学シンポジュウムが紹介され、第二部で、国立・私立一一大学の取組みが紹介されている。この特集記事によれば、この問題に関する我が国でのあるべき制度につき、一定の方向性がしだいに固まりつつあることが伺われる。

以下、これらの議論を下にして二一世紀の法曹像（その要求される資質と能力）を模索してみよう。

(1)　二一世紀の社会像

ＩＴ革命の一層の進行により、二一世紀は、①社会・経済のグローバル化に加速度がつき、これまで国内問題とされてきた問題でも、国際的視野が求められる時代となろう。②それとともに、電子商取引の新展開により、あらゆる情報、商品やマネーが瞬時に世界を駆け巡るスピードの時代が到来する。換言すれば、物事の変化が早いので、それに対応できる情報収集や柔軟な対策組織の構築がこれまで以上に必要とされる時代となろう。③このことはまた、社会主義革命の挫折を背景に、規制緩和の促進、市場取引の尊重、自己責任の原則に基づく競争社会の進展の時代を、世界的規模でもたらすであろう。④国家や民族といった枠組みを超えた、ボーダレスの時代の到来といわれることもある。

かつて、ヘーゲルは、社会の歴史的発展法則として、正・反・合の弁証法的発展法則を説いた。やがてはまた、ゆり戻しの時代の到来が予測されるが、しばらくは、グローバル化、スピード化、自由競争化、ボーダレス化の時代が続くであろうことは確実である。

(2)　これからの法曹に求められる資質と能力

以上のような社会像を背景に、これからの法曹に求められる資質と能力とはこうである。①現行法についての正確かつ十分な知識に加えるに、法のあるべき発展方向に対する洞察力、判断力、②自己の意見の説得的な表現力（書面、口頭、さらにはパフォーマンス）、③法の解釈・適用能力にとどまらず、立法政策立案能力も、④知的エリートとして、世論の形成に指導的役割を果たす勇気と責任感、⑤私益の追求のみに走ることなく、公益のための活動にも従事できる倫理観ないし品性と豊かな人間性などなど。もっとも、これらの資質と能力は、いつの時代の法曹にも要求される資質と能力といえようが。

ところで、ＩＴ革命の進行による国際化、情報化社会の進展は、必然的に法曹人にも語学力、情報機器の操作能力といった技術力の習得を必要とさせるであろうが、瞬時に大量な情報の入手を可能とする状況の下では、情報の洪水におぼれる危険性なしとしない。それを免れるためには、問題点の的確な把握能力、それに必要な情報の選択的、分別的収集能力、集まった情報の分析力、問題解決の具体策立案能力などの錬磨が要求されよう。専門的知識の習得に加えるに、知恵あるいは独創力の錬磨の必要性が説かれる所以である。

(3)　ロー・スクール構想と司法試験改革

以上のような資質・能力を備えた専門法曹を養成するには、現代の我が国の法学部教育はあまりにも問題が多い。司法改革の一環として法曹養成制度改革の必要性が説かれる所以である。その具体策が、ロー・スクール構想であり、関連しての司法試験さらには司法研修所制度の見直し論である。口火を切ったのは、「アメリカ型ロー・スクール案」の提唱であった。しかし、法曹養成に特化した大学院レベルのアメリカ型ロー・スクールは、法学部学生のごく僅かな者しか法曹を目指さないが我が国法学部の実情には合わない。かくて、法学部と法学修士課程とを統合した日本型ロー・スクール案の提唱が今日の主流となっている。少子化時代を迎え、国立・私立を問わず、大学生き残り策の一環としてもこの問題は重要であり、ロー・スクール・シンポジュウムは今や燎原の火のごとく全国各大学に広がっている。しかし、総論的議論はさておき、各論的段階になると問題はそう簡単ではない。人的・物的諸条件の整備にあまりにも多くの問題があるからである。何事にも横並びを好む国民性ではあるが、各大学独自の道を考えるべきであろう。

さて、本稿の読者対象である司法試験受験生諸君にとっては、制度改革は当面の問題ではない。時代の求める法曹像を目指して自己錬磨に励んで頂きたい。諸君の人生にとっては、良き法曹人となることが大切なのである。試験の合格のみが目的であってはならない。

（受験新報平成一二年五月号）

2　法政大学国際シンポジウム「二一世紀の法学教育・法曹養成教育」【懇親会挨拶】

（二〇〇〇年）

今朝、総長よりお話しましたように、わが法政大学は本年創立一二〇周年を迎えました。この記念すべき年に、われわれの年来の悲願であったこのタワーが完成し、このタワーをわれわれは、わが法政大学の前身、和仏法律学校の教頭であったボアソナード博士を記念して、ボアソナードタワーと名づけました。今風に申しますと、経営の責任者であった校長が理事長にあたり、学問・教育の責任者であった教頭は学長ということになります。

ところで、今我が国は、周知のごとく、二一世紀を目前にして、政治・経済・社会、さらには司法のあらゆる面におきまして大きな変革期にあります。少子化社会を迎えて、大学もまた曲がり角にあります。この時にあたって、この国の形を公論し、さらには大学・法学教育・法曹養成ひいては司法改革のあり方を討議するにあたり、改めてボアソナード博士の活躍に見られるごとく、我が国が、欧米先進諸国の協力を得て近代国家へと脱皮した一〇〇年前の明治の原点に立ち返り、現時点と比較しつつ新しき未来を構想することが必要かと存じます。

いささか我田引水の嫌いはありますが、アメリカ、フランス、ドイツから報告者をお迎えした本日の国際シンポジウムに、この新しいボアソナードタワーを公論の一つの場として皆様にご提供できましたことに、私はシンボリックな意義を感じ、喜びとするものであります。

明日もまた、シンポジウムが続きます。わが大学のシンポジウムはかなり遅れての開催でありますが、後から登場する者の利点は、先達者がすでに基本的な問題点について、十分な問題の提起をされているので、それを繰り返して述べる必要がなく、真に言いたいことだけに的を絞って、全体的な視野から、問題の提起ができることにあります。明日のわが大学のワーキンググループの報告は、シンポジウムの表題の示すごとく、わが法政大学のロースクールをどうするかという視点よりは、二一世紀の日本の法曹養成をどうするかを公論することを目的とするものであります。連日にわたるシンポジウムでお疲れかとは存じますが明日もまたこの会場に起こしいただけることをわれわれ一同心より願っております。

最後にもう一言、皆様への感謝の意をこめまして、ささやかなパーティーを用意させていただきました。財政豊かならざるわが大学のことゆえ、料理その他十分なおもてなしは出来ませんが、幸いこのタワーは、都心の高台に位置し、抜群の眺望に恵まれています。どうぞ皆様、東京の美しい夜景をお楽しみいただきながら、ワインを片手にひとときの歓談をお楽しみ下さい。本日は本当に有難うございました。以上をもちまして私のご挨拶とさせていただきます。

3　法化社会とロースクール教育——法曹への誘い【講演】

（二〇〇八年）

本日は、私が本学に就任するにあたり大変お世話になりました、当時の法学部長で法科大学院設立の責任者でありました富田武先生のお勧めで、学部の学生諸君にお話をする機会を与えられ、大変光栄に存じます。

富田先生、現法学部長の西崎文子先生およびこの講演のためにご自分の貴重な講義時間を割いていただいた憲法担当の安部圭介先生、民法担当の塩澤先生に心から御礼申し上げます。富田先生からのご注文で、成蹊を去るに当たり、四年間の法科大学院での教授体験を踏まえ、学部の学生諸君に法曹の道への扉を開けるような話をしてくれとのこと、どの程度ご注文に応じられるか自信はありませんが、与えられた時間、難しい抽象的・理念的な話ではなく、できるだけ具体的に、私のこれまでの体験を踏まえたお話を分かりやすくお話してみたいと思います。

(i)　自己紹介

私の話の背景を分かっていただくために、はじめに簡単に自己紹介しておきます。昭和一桁生まれの我々の世代は激動・激変の時代を生き抜いてきました。一九三〇年、私は、満州事変の前年に生れ、昭和恐慌と呼ばれる大不況の時代を経て、日中戦争勃発の年に小学校に進み、中学二年のときに第二次世界大戦で日本が敗戦。敗戦後の大混乱・不況の中で津和野中学四年修了後、旧制の山口高校入学、一年後に学制改革で新制大学に変わり、大学入学の年は朝鮮戦争が勃発した年、原爆で廃墟と化した広島の広島大学政経学部に入学、戦争景気による未曾有のインフレ時代の中で大学生活を過ごし、一九五四年(昭和二九年)に上京して法政大学大学院修士課程で、労働法・民法を専攻し、修士論文「種類売買の法的保護に関する一考察」をまとめ、卒業と同時に法学部助手に採用され、併行して東京大学大学院博士課程で川島武宜先生のご指導の下に「債権者取消権に関する一考察」をまとめ、この論文で一九六〇年四月に法政大学法学部専任講師に就任。以後助教授、教授と昇進して、四十年にわたる教授生活を経た後、一九七一年三月に法政大学を定年退職しました。専任講師に就任した一九六〇年は、六〇年安保の年で「自由と進歩」を建学の理念と掲げる法政大学新米教授の私も、安保反対を叫んで学生諸君とともに国会議事堂を取り囲むデモに参加したりしました。この当時、成蹊出身の安倍前首相も、お祖父さんの岸信介首相の背中の上で安保反対と叫んでおられたという話は有名です。この当時大いに高揚した学生運動は、その後分裂の時代に突入し、共産党系の民青と三派系全学連、さらには、革マルと中核との武力闘争、大学解体を叫ぶ全共闘運動と展開して、静かな学問の府であるべき大学は、日大闘争や東大紛争に象徴されるように、荒れに荒れてしまいました。私達世代の教授達は、このような時代状況の中で、学問の府、研究と教育の場を守るために、活動家の学生諸君達と激論を闘わし、団交でつるし上げられ、昼夜の奮闘を余儀なくされつつ、学問的に一番油の乗る時期を過ごしたのであります。全共闘争世代のかつての若者達も、いまでは、六〇代のシルバー世代となり、今日、研究、教育活動の中心となって活動されている五〇代以下の世代の教授達や学生諸君にはおよそ想像のできない時代状況であったと存じます。

さて、戦前の軍国主義から戦後の民主主義へと一八〇度の大転回を遂げた、このような激動の時代背景の中で、生まれ育ち、勉強し、生きてきた我々の世代は、人生とは何か、人間如何に生きるべきか、戦争と平和、大学、学問、教育さらには日本や世界は如何にあるべきかについて、いやでも思い悩まされ、学生時代から多くの仲間と安酒を飲みながら大いに議論し、助手・教授時代から現在までも引き続き侃侃諤諤（かんかんがくがく）の議論を続けてきました。人生とは迷うものです。迷いつつ生きる、それが人生と私は思います。このことは平和な現代でも、その内容に差異はあれ、同様だと思います。若者が、その悩みや苦しみをブログに書き綴り、2チャンネルに書き込み、仮想空間と現実とを取り違え、自己顕示欲にとりつかれて、時に過激な行動に走り、それを英雄視する危険な風潮もあらわれていることは、皆様先刻ご承知の通りです。若者には活力と時間が豊富にあります、無限の選択可能性があります。だから迷うのです。我々の年になると活力が衰え、選択の可能性も狭くなっていますから、迷いは少なくはなりましたが、それでも日々、学問・研究、さらには法科大学院の教育方法に悩み、これでよいのか、と今でも反省させられている日々です。

(ii)　あるエピソード

前置きが長くなりましたが、もう一言、お話しておきたいことがあります。

先週の土曜日、六月二八日の朝刊で、「証券界のドン」・元野村証券会長田淵節也さんの訃報が報道されていました。田淵さんは、野村證券が国際的な総合金融会社となる基礎を築かれ、政財界にも多大な影響力を発揮された大社長でしたが、九〇年代に明るみに出た二度にわたる証券不祥事の責任を取って、表舞台を退かれました。その後九五年に取締役に復帰されますが、その承認を求めた株主総会を乗り切るために、会社側が、総会屋へ巨額の利益提供をしたとして当時の社長が後に逮捕される事態となり、社長を退きました。この社長、実は付属高から法政大学に入学された生粋の法政マンで、法政期待のOB社長でした。この当時法政大学では、入学式や卒業式に、社会の各界で活躍しているOBを招聘して訓話をしてもらっていました。野村證券社長のこのOBはこの席上で、後輩諸君に、三つの言語習得の有用性・必要性を説きました。第一は、グローバル化社会の下での英語、第二は技術化社会・IT時代の下でのコンピュータ語、第三は法化社会の下での法律語の三つです。このとき彼の念頭には、尊敬していた大先輩、証券不祥事の責任を取って表舞台を退いた田淵元社長のことがあったのだと思います。この訓話は、その話を聞いていた多くの者の共感を呼びました。しかし、その後彼は、先の総会屋への利益供与の疑惑事件で、コンプライアンス（compliance）つまり法令順守義務違反や刑事責任を問われる身となりました。法政大学にとって大変残念な事件でした。この事件は、今日の法化社会の進展を象徴する一つの重要な事件であったといえるでしょう。では、いよいよ今日の本題に入りましょう。

(1) 法曹養成制度改革の必要性と法科大学院の発足

法曹養成制度の改革が法化社会の進展とその社会的要求に基づくことは言うまでもありません。では、法化社会とは何か。近代市民社会、資本主義社会が法治国家の上に成り立っていること、そして現代における法化社会の進展とその内容については、この講演を聴いてくださっている法学部の学生諸君は、本日この席にご出席いただいている研究科長の広部先生、行政法の武田先生、憲法の安部先生、民法の塩澤先生をはじめとする法学部の諸先生の講義を通じて充分理解されていることですから、ここでは省略します。この法化社会における法実務に従事する専門職の頂点に位置するのが裁判官・検察官・弁護士の法曹三者であり、このほか、法律関係の職務としては、国家公務員、地方公務員の法律職、民間企業の企業法務職、資格試験としては、公認会計士、税理士、不動産鑑定士、司法書士、弁理士、行政書士、土地家屋調査士、社会保険労務士、宅地建物取引主任、さらに最近では介護関係の資格試験が多々あり、法学部で学ぶ多くの学生諸君がそれぞれに挑戦されているところですが、今日は、このうち日本一難しい国家試験といわれる司法試験へのチャレンジの薦めについて、その概要をお話しするわけです。お手元に配布しました資料の①を開けてください。二〇〇一年・平成一三年六月一二日の「司法制度改革審議会意見書」の「法曹養成制度改革の必要性について・司法制度を支える法曹の在り方」という部分を見てください。ここに、基本的な方針が書かれていますが、時間の関係上、後で読んでおいていただくこととし、次に進みます。

この答申を受けて、二〇〇四年・平成一六年から発足した法科大学院の入学者と法科大学院卒業生を対象とする新司法試験の合格者の状況については配布資料①の表1と表2、資料⑨⑩⑪、さらに本年度の新司法試験受験予定者や出願状況、先日発表された本年度の短答式合格者の状況につきましては、資料⑫をざっとご覧になってください。また、参考までに、旧司法試験（これは一九四九年・昭和二四年から始まっていますが、経過措置で二年後の二〇一〇年・平成二二年度まで新司法試験と並存することになっています）の出願者や合格者数の推移の状況を資料⑤⑥⑦としてつけておきました。時間の関係でこれらの数字について説明することは省略しますので、関心のある方は後でご覧になってください。

成蹊大学の状況についてざっと説明しておきますと、旧制の成蹊高校のOBには最高裁判事、日本弁護士連合会会長などをつとめられた著名な裁判官や弁護士がおられますが、新制の成蹊大学では就職に恵まれていたせいもあり、司法試験にあまり関心がなかったようで、最近では、平成一七年度に旧司法試験に三名が合格しています。平成一六年に徹底した少人数教育、企業法務に強いロースクールを目指し、入学定員五〇名で発足した法科大学院は、初めて卒業生を出した平成一八年の第一回新司法試験に、受験者二五名中一一人が、昨年は、受験者四二名中一六人（合格率三八・一%、全ロースクール六八校中第二四位、合格者数では第二七位）が最終合格を果たしています。このほかロースクール入学後旧司法試験に二名合格した方がいます。本年度は受験者四五名中短答式問題に三八名が合格（合格率八四・四%全国七四校中第八位）でした。目下論文式問題の採点中で秋の最終合格発表を待っているところです。

この二年間の最終合格者中成蹊大法学部出身は旧司法試験に一名、新司法試験に三名合計四名で、なかなか頑張っていますし、現役諸君もなかなか優秀で、東大その他の大学出身のロースクール生に劣らぬ成績を上げています。

(2)　旧司法試験時代の状況

ここで、旧司法試験時代の私の体験談に移りたいと思います。私は、助教授時代から、法曹の育成に関心があり、法政や早稲田のゼミのほか、中央、明治、日大、慶応その他の受験勉強団体や司法試験塾にも請われて、講義をしてきました。この経験は、私自身の民法講義や解釈学の研究にも大いに役立ちました。日本のことを語る前に、まずドイツ留学中の体験をちょっとだけ話しておきましょう。

(i)　ドイツの司法試験と受験生の想い出

私は、一九七二年、一九八一年、一九九三年の三回にわたり、フライブル大学やフランクフルト大学に長期・短期の留学をしましたが、そのときに経験したドイツの司法試験や受験生のことを紹介します。……当日の講演では、この点について、ドイツの司法試験、フライブルグ大学の開架式図書館で勉強していた学生のエピソード、ティーメ教授（法制史）とケメラー教授（民法）の講義風景、シュレヒトリーム教授（民法）の自宅で行われたゼミ打ち上げのワインパーティの席上、リペチトール（Repetitor ＝受験勉強のための補習講師・補習塾）が話題となり、教授が助手時代塾講師の経験があり、それがその後の大学での講義に大変役立ったこと、また司法試験受験学生にとっても有益であると話されたこと、あるいは、ドイツの弁護士の実情、とくに一九九〇年一〇月の東西ドイツの合併前後の弁護士の実情についての、アレンス教授（民事訴訟法）の話などをかなり詳しく紹介したが、本稿では、紙数の関係上この点は割愛する。

(ii)　司法試験受験生の人物群像――忘れえぬ学生たち――

次に、日本の司法試験受験生についての私の体験談の幾つかをご紹介します。大講義で指導した学生は別として、少人数の学生を相手に直接指導した司法試験合格者は、法政の私のゼミから五十数名、断続的でしたが、二四年ぐらい講師を勤めた早稲田のゼミからも六〇人近く、法政の大学院・法職コースも含めると百数十名、法政の法職過程を含めるとさらに多数の合格者を出しています。中央や早稲田のような合格者の多い大学でゼミをお持ちの教授の場合はもっと多数の合格者を輩出されていると思いますが、一年に平均して八人前後の合格者を出しているに過ぎない法政では、比較的頑張っている方だと思います。これらの合格者は、それぞれ個性的な学生諸君でしたが、このうちから今日は何人かを選んでご紹介してみます。……当日の講演では、早稲田のゼミ出身の現裁判官のA君（三年次二〇歳での現役合格、判事補時代ハーバード・ロースクールに留学、国連関係の職務でも活躍）、法政の元同僚の吉川教授（刑法）の長男（東大経済学部・現役合格、研修所入所成績一番と聞く、企業内弁護士として活躍、論文も多数）、法政のゼミ出身のK現裁判官（法政二高、法律相談部、ゼミ長、研修所教官、民法司法試験委員）、T弁護士（修習生時代司法研修所論集に寄稿、現法政大学法科大学院教授）、苦節一〇年型の合格者、弁護士S君の想い出（法政のゼミOB会「草木の会」の初代会長、ゼミOB会設立と名称の由来、大内兵衛元総長の「われらの願い」第三条「願わくは、空理を語らず、日本人の生活向上のために、たとえ一石一木でも必ず付け加えるような有用な人物を作りたい」に因んだ名称、「美しい一本の花を咲かせる人物、雑草のようにたくましく生きる人物、大木や巨岩のようにそそり立つ人物、一石一木ではなにほどのこともできないけれど、それらが手をつなげば林になり、森となり、やがては大きな山脈となって、日本や世界のために活躍する人脈を築くことができよう。若い時代にともに学び、ともに遊んだ友人は一生の財産、みんなでこれを増やしてゆくことの大切さ、大学は単なる学問を学ぶ場ではない。」）、伴侶に助けられた合格者・検察官Y君（研修所教官）、転進して司法書士となったS君の想い出などなどについて話した他、さらにゼミ法曹OB研究会の合宿研究旅行その他、法政には、通信教育部出身の合格者も多数いること。司法試験は決して難しい試験ではない。良き師、良き友、ともに学び、ともに語らい、切磋琢磨してほしい。しかし、最後は自分との孤独な闘い、我々ができるのは水辺に誘うだけ、水を飲むかどうかは諸君自身の決断の問題。これに打ち勝った、これらの諸君は、現在、第一線の裁判官、渉外弁護士、消費者保護・人権擁護活動に取り組む女性弁護士、庶民の弁護士、巨悪を暴く検察官、司法研修所教官、司法試験委員、ロースクール実務家教授、代議士などなどとして多数活躍していることを紹介したが、これらの点も、紙数の関係上本稿では割愛する。

(3)　法科大学院教育の現状とその教育内容——成蹊大学の現状を踏まえて

(i)　基 本 方 針

始めに、ロースクール教育についての、私の基本方針についてお話します。平成一九年度の成蹊法科大学院の新入生歓迎会で、このことに簡潔に触れていますので、お手元の配布資料⑧をご覧下さい。読み上げます。
「普通の新入生歓迎会であれば、新入生の皆さん入学おめでとう、と申し上げるべきところですが、皆さんはプロ中のプロ、日本一難関といわれる司法試験の突破を目指してこのロースクールに入学されたわけですから、今ここで私は、おめでとう、という言葉を申し上げる気分にはなれません。この言葉は皆さんが念願の司法試験を突破された時までお預けにしておきます。私が今ここで申し上げたいことは、ただ一言、目標に向かって、一歩一歩着実に前進して欲しいという激励の言葉あるのみです。

次に、法を学ぶ者、法律家を志す者がその原点において心得ておくべき事柄を、三人の著名な法学者の言葉を紹介してお話したいと思います。第一は、一九世紀のドイツの著名な法学者イェーリングの言葉です。「法の目的は平和であり、それに達する手段は闘争である」というよく知られた言葉に続いて彼はこう述べています。「世界中の全ての権利＝法は闘いとられたものである。法は、単なる思想ではなく、生き生きとした力である。だからこそ、片手に法を量るための秤を持つ正義の女神は、もう一方の手で権利＝法を貫くための剣を握っているのだ」と。このような法を対象とする法学は、理想追求の学であると同時に、闘争の仕方を学ぶ実学であります。

第二に、民法学の大家、我妻栄先生は、かつて次のように説かれました。「法律学は、実現すべき理想の探求を伴わざる限り盲目であり、法と社会との現実的関係に注目しない限り空虚であり、法的構成つまり法解釈の厳密な論理構成を伴わない限り無力である」と。我妻先生のこの言葉は、そのまま、司法試験の勉強やレポート・答案作成についても指針となる言葉です。当該問題につき、あるべき法、あるべき正義を考え、現代社会における実情に目を配り、その結果を厳密な法的構成としてまとめつつ、論旨を展開してゆく。これが論文、レポートや答案作成の要諦と考えます。

第三に、一八世紀末のプロイセン最大の立法者といわれた、カール・G・スワレツが、大学における法曹養成教育の理念について述べた言葉をご紹介します。彼は、「法真理の思索につき訓練された悟性（Verstand ＝論理的思考能力）と並んで、完全且つ筋の通った理論を持った青年こそ裁判所が望む青年であり、それゆえに、大学は、裁判所に考える習慣をもっている学生を送り込まねばならない。これに対して、裁判所は、これらの学生を訓練によってさらに教育し、理論と実務とを通じて国家のために実際に有用な職業人を作り出して行くのである」と述べています。今日のロースクール教育は、スワレツの言う大学と裁判所の両者にまたがる役割を担わされているわけですが、一八世紀末に述べられたこの言葉は、今日そのまま通用します。この言葉こそ、法曹養成教育の専門機関であるロースクール教育の理念として高く掲げられるべきものと考えます。諸君は、今日ただ今より、考えることから始め、考えることに終わる知的生活の習熟に励んでいただきたいと思います。

法律家という職業は人間の一生を賭けるに値する素晴らしい職業です。志を高く掲げ、あせらず、ゆるまず、ひたすらに己自身の道を着実に前進してください。

(ii) 教育方法

ロースクール教育では、従来のような大人数の学生を対象とする体系的抽象的な講義形式ではなく、少人数教育を中心として、ケースメソッド、あるいはソクラテスメソッドを重視せよとよく言われます。ソクラテスの有名な言葉として「グノーティー、セアウトーン」つまり「汝自身を知れ」という言葉があります。ソクラテスは弟子を育てるにあたって一問一答の対話形式を通じ、徹底的に自己の無知であることを知らせたといいます。アメリカのロースクールでは、具体的判決例をあたえて予習させておき、この一問一答形式で学生を訓練しており、この形式を日本のロースクールでも中心的教育方式とすべきだというわけです。確かにこの方式は、法律的なものの考え方や理解力を深く養成するのに有効な手段です。しかし、ご承知のように不文法主義を原則とするアメリカ法と異なり、フランスやドイツの成文法主義を継承した日本法の場合には、成文の法典を一通り体系的に講義しておくことが、時間的にも全体的視野を身につけるためにも必要かつ有用と考えます。そこで私は、法律学の未習者・初学者を対象とする民法の講義では法典の体系に沿って、判例・通説を一通り説明したうえ、重要な反対説・最新の重要問題には簡単に触れる講義を行い、ソクラテスメソッドは演習の中で取り入れる方式を原則として採用しています。ただ幸いなことに成蹊は入学定員五〇名で、しかも社会人受け入れのため夜間開講もしていますから、一講義多くても三〇名程度ですから、講義中に随時質問する時間的余裕がありますので、私も随時質問することがありますし、この方式を中心に講義を行われている教授もおられます。しかし、定数一〇〇人を超える大ロースクールでは、同一科目複数の講義時間をとるのは、教員数や講義負担の点で困難な状況にあると思われます。本年三月に早稲田大学で行われた国際シンポジュウムにおいてパリ大学のピエール・クロック教授がフロワーからの質問に答えて、講義形式や体系的理論教育の有用性・必要性に触れたのが印象的でした。アメリカ一辺倒の方式ではなく、各国、各ロースクール独自の法状況・理論状況・研究教育環境に応じた教育方式を考えるのが今後の課題です。

(iii)　初学者の勉強のためのアドバイス

残り時間も少なくなりましたが、後一点、初学者の勉強のためのアドバイスをしておきたいと思います。国学者として有名な本居宣長が、『古事記伝』完成後、初学者のための「道しるべ」として書いた『宇治山踏』という本があります。その中で彼はこう述べています。「初心のうちはこうもすること。文章の意味の呑み込みにくいところを、はじめから一つ一つ解そうとしては、途中でしぶって、先に進まないことがあるから、わからぬことはまあそのままにして読み過ごせばよい。とりわけ、世にここは難解としてあるくだりを、先走って知ろうとしては、ますます悪い。ただよくわかっているところをこそ、気をつけて、深く味わうが良い。ここはよくわかっていると思って、ざっと見過ごしてしまうと、すべてこまかに意味も解しえず、また多く勘違いもあって、いつまでもその誤読を悟り得ないことがある」と。このあと彼は、自分で考えることの大切さを説き、博識は必ずしも良くないと戒めています。司法試験受験のベテランで何年かかっても、なかなか合格しない学生に私はいつもこの言葉を与えています。昔から「読み、書き、算盤」が教育の基本といわれています。私は「読み、書き、喋る」が、法律学の勉強の基本とも言っています。読みながら考え、考えながら書き、みんなの前で自分の考えを喋ってみてまた考え直す。この点、これ以上のコメントは時間の関係上省略します。

(4)　法科大学院の抱える諸問題と改革の課題

始まったばかりの日本のロースクール教育につきましては、多くの問題があり、司法試験合格者三〇〇〇人時代の合格者の就職先をどうするかの問題がまずあります。合格者数の見直しの議論もすでに始まっています。その資料として新聞の切り抜きを配布資料④でおくばりしておきました。後でご覧下さい。そのほか、とくに研究者養成、今後のロースクール教員養成のための理論教育をどうするかという問題が実に大問題です。この問題を取り上げたのが先に紹介した本年三月に早稲田大学で開催された国際シンポジュウムで、そこで各国の比較研究が広く深く行われ、大変勉強になりましたが、この点は、別途『成蹊法学』に論稿を書くことを求められていますので、ここでは問題の提起にとどめておきます。

最後にむすびの言葉を述べます。法政大学の最終講義で、私は、むすびの言葉として、私の好きな言葉で、しばしばゼミの卒業生諸君に色紙に書いておくったこの言葉を、今日も皆さんにおくりたいと思います。それは、ノーベル平和賞の受賞者アルベルト・シュバイツァーが述べたと伝えられる「心の中に太陽を保とう」という言葉です。太陽の燃えるような熱く高い志、断固たるファイト・闘争心、他人を思いやる暖かい心、沈んでもまた昇る太陽、くじけることなき不屈の勇気、このような太陽を常に心の中に抱いて、諸君の夢を描き、この目的にチャレンジし、諸君の未来・己れの道を己れ自身の手で切り開いていって下さい。「心の中に太陽を保とう！」。これをもちまして諸君へのお別れの言葉とします。ご静聴ありがとうございました。

〔配布資料〕

① 司法制度改革審議会意見書　法科大学院入学者の状況司法試験合格者の状況
② 平成二十年新司法試験の受験予定者（二〇〇〇人程度を合格させる予定）
③ 平成二十年旧司法試験第二次試験の出願状況（二〇〇〇人程度を合格させる予定）
④ 新聞記事の切抜き
(i)司法試験年三〇〇〇人合格目標の見直し
(ii)法曹人口増員政策への疑問　埼玉弁護士会長寄稿
⑤ 平成十七年度旧司法試験論文試験大学別合格者数
⑥ 旧司法試験出願者数・合格者数等の推移（昭和二十四年度以降平成十七年度まで）
⑦ 同右
⑧ 平成十九年度成蹊法科大学院新入生歓迎会挨拶原稿
⑨ 平成十八年度新司法試験最終合格者数
⑩ 平成十七年度新司法試験最終合格者数（合格者数順位）
⑪ 同右（合格率順位）
⑫ 平成二十年度新司法試験短答式合格者数

〔あとがき〕

本稿は、平成二〇年六月三〇日に成蹊法学会の講演会で行った講演記録に手をいれたものである。紙数の都合上、本稿は実際の講演内容を約半分に圧縮しているが、割愛した主たる部分は本文中に指摘しておいた。

（成蹊法学六八・六九合併号別冊『法学部開設四〇周年伝統承継と改革の軌跡』二〇〇八年一一月）

4 「ロースクール民法」を追求して

――大学教員生活最後五年間の総括

（二〇〇九年）

私は、法科大学院発足の年である二〇〇四年（平成一六年）四月から昨二〇〇八年三月末までの四年間、成蹊大学法科大学院の専任客員教授として民法科目を担当した後、さらに一年間非常勤講師として勤務し、この三月末で、任期満了により退職する身である。この度、成蹊大学法科大学院が設立五周年を経過したのを契機として、この五年間を振り返って、今後の発展に資すため、本小冊子が刊行されることとなり、民法担当教員の一人であった筆者にも寄稿を求められた。本稿は、民法担当一教員としての私の五年間のロースクール民法教育体験記である。

(1) 法曹養成制度改革の必要性・法科大学院創設の目的と成蹊大学法科大学院

一　法曹養成制度の改革が法化社会の進展とその社会的要求に基づくことは言うまでもない。平成一三（二〇〇一）年六月一二日公表「司法制度改革審議会意見書」の「法曹養成制度改革の必要性について・司法制度を支える法曹の在り方について」は、次のように述べている。

「今後、国民生活の様々な場面において法曹に対する需要がますます多様化・高度化することが予想される中での二一世紀の司法を支えるための人的基盤の整備としては、プロフェッションとしての法曹（裁判官、検察官、弁護士）の質と量を大幅に拡充することが不可欠である。

まず、質的側面については、二一世紀の司法を担う法曹に必要な資質として、豊かな人間性や感受性、幅広い教養と専門的知識、柔軟な思考力、説得・交渉の能力等の基本的資質に加えて、社会や人間関係に対する洞察力、人権感覚、先端的法分野や外国法の知見、国際的視野と語学力等が一層求められるものと思われる。

他方、量的側面については、我が国の法曹人口は、先進諸国との比較において、その総数においても、また、司法試験、司法修習を経て誕生する新たな参入者数においても、極めて少なく、我が国社会の法的需要に現に十分対応できていない状況にあり、今後の法的需要の増大をも考え併せると、法曹人口の大幅な増加が急務であることは明らかである」。

二　この答申を受けて、最終的には三、〇〇〇人の合格者を出すことを目標として、あれよ、あれよという間に、ロースクールができてしまった。当時私は、不明にも、まさかそう簡単にロースクールができるなどとは思ってもいなかった。設立数に規制が行われなかったため、初年度六八校、現在では七五校という多数のロースクールが設立され、当時すでに七三歳であった老齢の私も教員不足のため狩り出され、縁あって成蹊大学法科大学院に勤務することとなった次第である。

話は変わるが、一昨年一一月、私は、ソウルで開催された日韓土地法学会の国際シンポジウムに招かれ、「住宅の瑕疵（売買・請負）に対する日本法の現状と今後の課題」というテーマで報告したが、その際ソウル大学の法科大学院を表敬訪問し胡文赫学長に会って韓国のロースクールの実情を聞く機会をもった。彼は、たまたま私がフライブルグ大学で昔大変世話になり、その後日本を訪れる都度親交を深めた民訴のアーレンス教授（故人）のもとで、博士論文を書いたとのことで、大いに話が盛り上った。その際、たいへん印象深かったのは、韓国も日本にならって法科大学院を作ることになったが、日本が失敗したところを学んで、自分たちは法科大学院の数をかなり制限することにしたという点である。政府が中心になって、大幅な規制を加え、大都会に集中させず、地方にも充実した法科大学院を作り、しかも法科大学院を作る大学には法学部を持たせないこととした。したがって、ソウル大学には法学部はなくなるという。日本では、とくに東大は、官僚養成の重大な役割もあるので、法学部を廃止することはまず考えられない。そこで私は、「官僚養成はどうするのか。これも重要だろう。」と質問したところ、「いや、韓国では、法科大学（法学部）のほかに政策大学院があり、官僚の養成はそこでやっている。」とのことであった。

したがって、ソウル大学のロースクールは、法科大学院をもたない大学の法学部出身学生のほか、人文科学、社会科学さらには医学や理工系の自然科学などを学部段階で勉強してきた優秀な学生を、全国の大学から集めてロースクール教育をやり、優れた法曹を育てていくのだという。これも一つの面白い実験といえよう。日本型がいいか、韓国型がいいか。これからの展開が興味深い。

三　成蹊大学法科大学院は、平成一六年に徹底した少人数教育、企業法務に強いロースクールを目指し、入学定員五〇名（一般三〇名、社会人二〇名、昼夜開講制）で発足したが、初めて卒業生を出した平成一八年の第一回新司法試験に、受験者二五名中一一人（合格率四四％、この他に旧司法試験に二名合格）が、平成一九年度は、受験者四二名中一六人（合格率三八・一％、全ロースクール六八校中第二四位、合格者数では第二七位）が最終合格を果たしている。平成二〇年度は受験者四五名中短答式に三八名が合格（合格率八四・四％、全国七四校中第八位）、最終合格者一七名（合格率三八％、全国七四校中一四位、合格者数では全国二九位、このうち既修合格者八名、未修合格者九名、未修合格者の合格率は全国四位）であった。この三年間の合格者総数四四名（この他旧司法試験に二名合格）中、法学部以外の学部出身者は一〇名（約二二・七％）である。

(2) 成蹊大学法科大学院教育の現状とその教育内容

(i) 基本方針

成蹊大学法科大学院全体の基本方針については別稿の法務研究科長の論稿に譲り、民法担当一教員としての立場から、ロースクール民法教育に関する私の基本方針について述べておこう。平成一九年度の新入生歓迎会挨拶の中で、私は次のように述べた（一部改変）。

「法を学ぶ者、法律家を志す者が心得ておくべきことについて、三人の著名な法学者の言葉を紹介します。第一は、一九世紀のドイツの法学者イェーリングの言葉です。『法の目的は平和であり、それに達する手段は闘争である』というよく知られた言葉に続いて彼はこう述べています。『世界中の全ての権利＝法は闘いとられたものである。法は、単なる思想ではなく、生き生きとした力である。だからこそ、片手に法を量るための秤を持つ正義の女神は、もう一方の手で権利＝法を貫くための剣を握っているのだ』」と。このような法を対象とする法律学は、理想追求の学であると同時に、法的闘争の方法を学ぶ実学であります。

第二に、民法学の大家、我妻栄先生は、かつて次のように説かれました。「法律学は、実現すべき理想の探求を伴わざる限り盲目であり、法と社会との現実的関係に注目しない限り空虚であり、法的構成つまり法解釈の厳密な論理構成を伴わない限り無力である」と。我妻先生のこの言葉は、そのまま、法律学の勉強やレポート・答案作成についても指針となる言葉です。当該紛争問題の解決にあたり、あるべき法、あるべき正義を考え、現代社会の実情や要請にも目を配り、その結論の妥当性を厳密な法的構成に基づいて説明し、展開してゆく。これが論文、レポートや答案作成の要諦と考えます。

第三に、一八世紀末のプロイセン最大の立法者といわれた、カール・G・スワレツが、大学における法曹養成教育の理念について述べた言葉を紹介します。彼は、「法真理の思索につき訓練された悟性（Verstand＝論理的思考能力）と並んで、完全且つ筋の通った理論を持った青年こそ裁判所が望む青年であり、それゆえに、大学は、裁判所に考える習慣をもっている学生を送り込まねばならない。これに対して、裁判所は、これらの学生を訓練によってさらに教育し、理論と実務とを通じて国家のために実際に有用な職業人を作り出して行くのである」と。今日のロースクール教育は、スワレツのいう大学と裁判所の両者にまたがる役割を担わされているわけですが、一八世紀末に述べられたこの言葉は、今日そのまま通用します。この言葉こそ、法曹養成教育の専門機関であるロースクール教育の理念として高く掲げられるべきものと考えます。諸君は、今日ただ今より、考えることから始め、考えることに終わる知的生活の習熟に励んでいただきたいと思います。

法律家という職業は人間の一生をかけるに値する素晴らしい職業です。志を高く掲げ、あせらず、ゆるまず、ひたすらに己れ自身の道を着実に前進していってください」。

(ii) 教育方法

ロースクール教育では、従来のような大人数の学生を対象とする体系的抽象的な講義形式ではなく、少人数教育を中心として、ケースメソッド、あるいはソクラテスメソッドを重視せよとよく言われる。ソクラテスの有名な言葉として「グノーティー、セアウトーン」つまり「汝自身を知れ」という言葉がある。ソクラテスは弟子の指導にあたって、一問一答の対話形式を通じ、徹底的に己の無知であることを知らしめたという。アメリカのロースクールでは、具体的判決例をあたえて予習させておき、この一問一答形式で学生を訓練しており、この形式を日本のロースクールでも中心的教育方式とすべきだというわけである。確かにこの方式は、法律的なものの考え方や理解力を深く養成するのに有効な手段である。しかし、周知のように不文法主義を原則とするアメリカ法と異なり、フランスやドイツの成文法主義を承継した日本法の場合には、成文の法典を一通り体系的に講義しておくことが、時間的にも全体的視野を身につけるためにも必要かつ有用と考える。そこで私は、法律学の未修者・初学者を対象とする民法の講義では、法典の体系に沿って、判例・通説を一通り説明したうえ、重要な反対説・最新の重要問題には簡単に触れる講義を行い、ソクラテスメソッドは主として演習の中で取り入れる方式を原則として採用している。ただ幸いなことに成蹊は入学定員五〇名で、しかも社会人受け入れのため夜間開講もしているので、一講義多くても三〇名程度であるから、講義中に随時質問する時間的余裕があるので、私も随時質問することがあるし、この方式を中心に講義を行われている教授もいる。しかし、定数一〇〇人を超える大ロースクールでは、同一科目複数の講義時間をとるのは、教員数や講義負担の点で困難な状況にあるのではないかと思われる。昨年三月に早稲田大学で行われた国際シンポジュウムにおいて、パリ大学のピエール・クロック教授が、フロワーからの質問に答えて、講義形式や体系的理論教育の有用性・必要性に触れたのが印象的であった。アメリカ一辺倒の方式ではなく、各国、各ロースクール独自の法状況・理論状況・研究教育環境に応じた教育方式を考えるのが今後の課題といえよう。

(iii)　成蹊大学法科大学院の民法関連科目の内容

成蹊大学の法科大学院における法律基本科目として設けられている民法関連科目（商事法・企業法・民事手続法等は除く）を、平成二〇年度について紹介すると以下の通りである。

まず、必修科目としては、財産法Ⅰ（民法総則）④（四単位、以下同じ）、財産法Ⅱ（物権法、但し担保物権を除く）②、財産法Ⅲ（債権総論、但し多数当事者の債権および債務を除く）②、財産法Ⅳ②、Ⅴ②（債権法各論）、家族関係法②、民事法総合②が開講されている。

選択科目としては、金融担保法（人的・物的担保等）②、不動産契約法（不動産の売買・請負・賃貸借契約等の重要問題の理論的講義)②、不動産取引法(不動産取引をめぐる調査方法、鑑定評価、新しい不動産利用ビジネス等に関する実務的講義)の他に、展開・先端科目の中に、民事法特殊講義Ⅱ、民法演習Ⅰ~Ⅴが開講されている。

(iv) 私が五年間に担当した科目

この五年間に、私は以下のような講義と演習を担当した。

(一) 平成一六年度 前期 演習ⅠA(Aは昼間、Bは夜間開講) 後期 財産法ⅢA・B 演習ⅠB

(二) 平成一七年度 前期 演習ⅠA・B 民事法総合A・B 後期 財産法ⅢA・B 演習ⅡA・B

(三) 平成一八年度 前期 演習ⅠA①、②・B 民事法総合A・B 後期 財産法ⅢA・B 演習ⅡA・B

(四) 平成一九年度 前期 演習ⅡA・B 演習ⅣA 民事法総合A・B 後期 財産法ⅢA・B 演習ⅢA、演習ⅤA

(五) 平成二〇年度 前期 演習ⅡA 演習ⅣA 後期 民事法特殊講義ⅡA・B 演習ⅢA 演習ⅤA

(v) 担当講義と演習の内容

上記のように、私は、昨年度までは、複数教員の担当する民事法総合A・B(既修入学者二年、未修入学者三年対象、受講者一講義二〇~三〇名)、未修入学者対象の財産法ⅢA・B(債権総論)、非常勤となった今年度は民事法特殊講義ⅡA・B(財産法の重要問題、既修入学者二年・未修入学者三年対象、いずれも受講者一講義二〇〜三〇名）のほか、演習を担当したが、演習（不登録聴講生も含めた受講者一〇〜二〇名）は、未修二年向きの難易度初級問題、未修三年・既修一・二年向きの中級問題、上級問題とにおおよそ別けてそれぞれ担当した。以下に、その内容を紹介しよう。

ⅰ　**民事法総合**　この科目は、民事系科目の総仕上げとして、理論と実務・実体法と手続法・民商法・各種特別法間の架橋を目指し、研究者教員と実務家教員が五名でチームを構成し、複数の教員が協同して講義に臨み（問題の作成・講義の進行の主担当者を交互に選び、一期一五回の講義のうち一人が三回程度主担当を勤めた）、理論面と実務面の両方から教員と院生との間あるいは院生相互・教員相互間で議論を交わすなどして理論と実務の架橋を実践することを狙った講義である。学期前の講義テーマ作成時、試験問題作成時、成績評価時には全員が集まって協議するほか、必要に応じて教授会後その他の機会に集まって打ち合わせや意見の交換を行った。私が主担当者となってこの講義を担当したテーマとしては次のような紛争事例を取り上げた。

㈠　サブリース契約と賃料減額請求（センチュリータワー対住友不動産サブリース賃料減額請求訴訟他）

㈡　サブリース契約における賃貸人たる地位を留保しての目的物の譲渡の効力あるいはサブリース契約の終了が及ぼす転借人への影響（センチュリータワー対住友不動産サブリース賃料減額請求訴訟他）

㈢　詐害行為取消（ないし否認権行使）の範囲と取戻しの方法（国際友情クラブ対日東興業詐害行為取消請求訴訟）

(四) 包括根保証契約の有効性（訴訟にいたらず意見書のみで事実上解決した事例）
(五) 特許法三五条三項に基づく相当対価請求権の消滅時効の起算点（青色発光ダイオード訴訟）
(六) 職務発明における特許出願権譲渡の有効性（青色発光ダイオード訴訟）
(七) 騙取金による弁済と不当利得返還請求（UBS対住友商事不当利得返還請求訴訟）
(八) 住友信託対UFJ経営統合交渉差止請求訴訟及び損害賠償請求訴訟

この講義では特定のテキストは用いず、担当教員の作成した問題文やレジメ、判例や論文のコピーをあらかじめ配布して予習させ、ケースメソッド方式さらには参加者相互間の自由討論方式で、講義を進行した。私が出題したこれらの紛争事例は、いずれも近時私が意見書の執筆を求められた理論的にも実務的にも大変興味深い紛争事例であり、その多くがマスコミでも報道され、社会的にも注目された事件であったので、講義参加者の興味を呼び、知的刺戟を与え、議論も盛り上がった（特に社会人中心のBクラス）。しかし、理論的にはやや高度の問題であったので、ロースクールの教材として果たして妥当であったかどうかは、検討の余地なしとしないというのが現在の偽らざる感想である。

ii　**財産法Ⅲ（債権総論）**　この講義は、前期に財産法Ⅰ・Ⅱの履修を終えた未修入学者一年生を対象とするものである（後期には財産法Ⅳが並行して履修される）。テキストとして、内田民法と我妻・有泉ダットサンを指定し、さらに次回の講義範囲とテーマをごく簡単にまとめたレジメを配布し、六法を併用しての予習を義務付けた（ダットサンから始めて、ダットサンに帰れと繰り返し説いた）。

当日の講義では、民法典の体系に沿って、上記二つのテキストを使って判例・通説を一通り分かりやすく説明したうえ、重要な反対説・最新の重要問題については、私の執筆した講義案をあらかじめ配布し、これを使って講義した(近時のドイツや日本の民法改正の動向、不完全履行論の新たな展開、契約責任・給付障害法の再構築、ドイツの否認権・債権者取消権の新立法その他)。講義中、随時院生に質問したが、その回数は、ケースメソッド方式に比べ、さほど多くはない。

iii　民事法特殊講義Ⅱ(財産法の重要問題)

本年度後期に新たに開講した民事法特殊講義Ⅱ(財産法の重要問題)は、法学部や法科大学院未修入学者対象の講義等においては深く掘り下げえなかった財産法をめぐる基本的あるいは最先端の重要問題につき、担当者がこれまで論文や意見書等の執筆を通して関与した具体的ケースを中心として取り上げ、理論的・実務的角度からの検討、さらには現在進行中の民法改正作業をも視野に入れた講義を行うことを目的としたものである。ここでは、民法典を修正(借地借家法その他)ないし補充(不動産登記法その他)する各種の既存の特別法は当然として、さらに近時制定された特別法(消費者契約法、電子記録債権法、偽造カード等及び盗難カード等を用いて行われる不正な機械式預貯金払戻し等からの預貯金者の保護等に関する法律その他)の特別法も対象としたほか、後述するように特許法、著作権法、破産法(倒産法)、民事執行法等の先端科目ともまたがる横断的問題も講義の対象として取り上げた。

今期取り上げたテーマの第一は、現在進行中の民法改正の進行を念頭に置きながら、まず、取引の動的安全と静的安全の保護の調整をめぐる財産法上の諸制度の横断的比較的考察と立法論的検討を試みた。具体的には、①物権変動における公信の原則と公示の原則の関連性(民法九四条Ⅱ項類推適用の法理、公信法理と対抗法理の関連性、法律行為の取消と登記、瑕疵ある意思表示と相手方及び第三者の保護等)、②表見代理と無権代理、③債権の準占有者や受取証書の持参人に対する弁済の保護(偽造あるいは盗難カードによる払戻しと預金者保護をも含む）等である。
ついで、債権法改正の最重要テーマである給付障害法の諸問題を取り上げ、①売買・請負・賃貸借における不完全履行・瑕疵担保責任・危険負担の横断的検討、②契約締結上の過失、銀行の情報提供義務と保証人の責任、安全配慮義務等の付随的注意義務、保護義務論の検討、③損害賠償論としては、UFJ信託対住友信託経営統合破談損害賠償請求事件における信頼利益賠償論の検討、④債権法改正への立法論的提言等を講義した。
この他、民法改正のいま一つの重要テーマである時効に関して、青色発光ダイオード訴訟を取り上げ、特許権の帰属問題と職務発明における相当対価請求権の消滅時効の起算点を検討した。また、近時のドイツや日本の倒産法の改正をも踏まえて、国際友情クラブ対日東興業詐害行為取消請求事件を取り上げ、取消（否認）の範囲と取戻しの方法を検討した。さらに包括根保証や集合財産譲渡担保、サブリース契約への借地借家法の適用問題等を講義した。なお、講義の際、担当者執筆の論稿や裁判所に提出した意見書等を講義資料として配布し、あらかじめの予習を課し、講義中随時質問も試みた。講義受講者はA・Bあわせて三〇名（不登録聴講生も含む）であった。

iv　**民法演習**　―　演習では（初年度の平成一六年度を除き、それ以降は一演習受講者一〇～二〇名、平均一五名程度）、未修二年向きの初級問題、未修三年・既修一・二年向きの中級問題、上級問題を取り上げて、それぞれ理解度に応じた演習を行った。

a　初年度の平成一六年度ゼミは既修入学者のみが対象で、前期ⅠAに七名、後期ⅠBに五名、計一二名が履修し（不登録聴講を含む、以下同じ）、このうち、旧司法試験に二名、新司法試験に八名の計一〇名が合格している（内訳は女性二名・男性八人、一般四人・社会人六名、但し内一名は一年で退学し他のロースクール修了後に合格している）。

b　平成一七、一八年度に担当した演習Ⅰは初級問題、演習Ⅱは中・上級問題、平成一九年度に担当した演習Ⅱは初級問題、演習Ⅲは中級問題、演習Ⅳは中・上級問題、演習Ⅴは上級問題、平成二〇年度に担当した演習Ⅱは初級問題、演習Ⅲ・演習Ⅳは中・上級問題、演習Ⅴは上級問題をそれぞれ扱った。

二　演習問題は、私の作成した問題（事例式がほとんどで、法政時代からの二〇〇問近い蓄積があったのに加え、最新判例を扱う問題も新たに作った）をほぼ使用し、不足する問題領域では、他の教授の作成された問題を借用し（出題者明記）、当該出題問題について、予習出席を全員に義務付けたうえ、ゼミでの討論を踏まえたレポートの提出を原則として毎回求めた（初級演習と中・上級演習さらに社会人対象のBクラスとでは対応を変えている）。配布資料としては、問題文の他、判例・判例解説・参考文献表・論文・新聞の切抜き等のコピーを適宜配布した。なお、初級演習では、学期初めに文献・判例の探し方、判例の読み方、論文・レポートの書き方の指導をした。

演習の進行にあたっては、全員に予習を義務付けていたので、原則として事前の指名制ではなく、演習当日二名程度を指名して報告を求め、全員で討論させ、私は議論が混乱したときに整理し、最後に総括することを原則とした。もちろん、ときに、ソクラテスメソッドで、どんどん追及し質問を重ねることもあったが（初級の演習Ⅰではこれが必要）、学部生と異なり、ロースクール生の場合は、目的意識が明確であり、学習意欲や能力のレベルの高い院生が揃っているので、この方式で大体うまく運用できたという印象である。当初純粋未修生には気の毒なこともあったが、一年もたつと、悪しき予備校スタイルに染まった既修生を柔軟な議論で追い込む者が次第に増え、これらの既修生グループに大きな刺激を与えた。演習の数日後に提出されたレポートについては、私の時間の許すかぎりで添削して返還し（そのすべてを規則的に実行することは不可能であったが）、再提出を命ずることもしばしばであった。この他、平成一九年度の演習Ⅴでは、升永英俊弁護士の論稿「法の支配・法的正義とは何か」の読後感をレポート提出させて、文集としてまとめ、法曹倫理的教育をも行った。

なお、平成二〇年度に行った演習Ⅳ及びⅤでは、前記民事法特殊講義Ⅱとリンクさせ、その講義受講の予習・復習的位置づけをも考えて、前記テーマと関連する設例を取り上げて行う演習をも行った。

Ｖ　若干の所感

この五年間の成蹊法科大学院の民法教育体験を振り返り、若干の感想を書きとめておこう。

一　昔から「読み、書き、算盤」が教育の基本といわれているが、私はこの五年間、法科大学院教育の基本は「読み、書き、討論」にあると院生諸君に繰り返し語りかけた。また、科目ごとに定評のある基本書を一つか二つ選んで（いろいろ読み散らす必要はない、博識は必ずしもよくない）、条文・判例・通説を基本にすえて、条文、基本書、重要判例を考えながら繰り返し深く読み込み、レポートを考えながら書き、考えながらみんなで討論することの大切さを説いた。さらに、初心のうちは、分からぬところはそのままにして進め、繰り返し読むことで自然に分かるようになるから心配ない、先走って難解な問題を早く分かろうとするのが一番悪い、まず基礎をしっかり作り上げることが大切だとも説いてきた。特に、民法は大法典であるから、まず荒削りでよいから、はじめに全体構造を頭の中に叩き込むことが大切だと説いた。あるいは、本ゼミのみでなく、数人でのサブゼミでの討論をも要求し、他者の考えを知ることは自己を知ることであり、相互に切磋琢磨し、己れ自身の道を、自信を持って歩めとも説いた。要するに、考えることから始め、考えることに終わる学習をすることを徹底的に求めてきた。しかし、これらのことは特別目新しいことではなく、先人の知恵であり、多くの教員が一般的に説かれていることであろう。

二　成蹊は、専任教員一八人（研究者教員一一人、実務家教員七人）、院生一学年五〇人の少人数教育なので、教員はほとんどの院生の顔や名前を覚えている。しかも、学部と独立した建物である大学院棟は、一・二階に事務室・ロビー・講師控え室・教室・図書室・院生談話室、三・四階に教員研究室・模擬法廷、二・四階に院生研究室が配置されるという一体的・機能的構造となっているので、特別のオフィスアワーを設けなくても、一階のロビー、廊下での立ち話、自販機のおかれた談話室等で随時相互に話ができ、質問を受けることもしばしばである。また学習環境も整っており、夜遅くまで個人机やゼミ室・図書室が使えるので、院生同士のグループ勉強が盛んである。そういった点では、一学年一〇〇人を超える大ロースクールよりは恵まれた環境にあるともいえよう。ただ、その反面、仲良しクラブとなって、厳しさに欠ける危険性がないわけではない。採点評価にあたり、可（C）や不可（F）が比較的少ない傾向がある。私自身、その傾向がないわけではないが、財産法Ⅲや民事法特別講義Ⅱでは、F評価もかなりつけた。次年度に発奮して優（A）評価を取った院生も何人かいる。FD会議などでよく意見交換をしているが、この点はなお改善の余地があろう。

三　本年度に行われた日弁連法務研究財団の成蹊法科大学院の認証評価については、別稿で詳しく紹介されるであろうし、紙数の制約もあるので、ここで詳しく触れることはしないが、一言述べておこう。

成蹊法科大学院は、日弁連法務研究財団の認証評価の結果として、科目設定・バランスと科目の体系性・適切性が基準を満たしていないとして、この点につき、D評価を受けた。その主たる原因は、設置認可申請の際に、「演習」を展開・先端科目群に配置することを前提に申請されており、この点に関して明確な問題点の指摘がなされないままに認可された経緯から、ここに相当数の演習が開設され、その分だけ本来の展開・先端科目の開設数、履修数に皺寄せが生じ、法律実務基礎科目、基礎法学・隣接科目、展開・先端科目を三三単位以上履修しなくとも修了できる構造となっており、法曹養成教育についての法科大学院制度の教育理念に照らし、大きな問題があるとの指摘である。しかし、他方において、ここに開設されている相当数の演習科目（あるいは特殊講義）が「教員の熱意ある指導により、法的思考を涵養する場として有効に機能していることなど、当該法科大学院の教育課程の中で重要な役割を担っている」、また「演習や特殊講義において、教員の積極的な取組み、学生の意欲的な参加により、法的思考能力、法的表現力・コミュニケーション能力の鍛錬が適切に行われている」と評価したうえで、これらの科目は法律基本科目の内容を有するものであるから、そちらの科目に移行し、展開・先端科目の内容の充実をはかり、演習の果たす教育上の効果と法科大学院の法曹養成の教育理念との両立を図る工夫をして欲しいとの助言がなされた。もっともな助言である。これを受け、大学院執行部は二〇一〇年度より基準に即した形でカリキュラム改正を行うことを表明している。因みに、この三年間の成蹊法科大学院新司法試験合格者合計四四名中三四名が私の民法演習で履修しており（他の一〇名も民事法総合あるいは財産法Ⅲの必修科目の履修で全員面識がある）、前述したようにこのほかに二名が旧司法試験に合格している。これらの院生は、他の民法演習はもちろん、憲法・刑法その他の科目の演習でも大いに鍛えられているのである。このことは法科大学院教育において、演習の教育上の効果が大であることを意味する。

日弁連法務研究財団による成蹊大学法科大学院の認証評価実施にあたり、提出（しかも次々と追加提出）を要求され、膨大な資料の収集と整理・作成にあたった大学院執行部と事務職員の作業量は、はたから見ているだけでも大変なものであった（これに協力した教員の作業量も多く、通常の教育・研究時間の多くを割かれたのであるが）。他方、認証評価に当たられた委員の方々の時間的・肉体的・精神的苦労もまた大変であったろうことは、後日渡された評価報告書から、明白である。法科大学院制度の充実・発展のために必要な一里塚といえようか。

一言だけ付け加えておきたい。設置主体、所在地、教員数、院生数、経営内容・規模などが、様々に異なる七五校の法科大学院を一律の評価基準で形式的に評価することの妥当性である。理想を求めすぎて、多くの科目の設置を求めても画餅に帰する恐れなしとしない。現行基準の画一的・

形式的適用のままでは、いくら特色があったとしても、小規模校や地方校の切捨てとなり、大都市、大規模校のみが生き残ることになるのではあるまいか。法科大学院設置の当初の目的はそれで達しうるのであろうか。自由と規制のバランスのとり方に一工夫が必要な段階になったと思われる。

四　法科大学院教育は、大学の講義とは格段に異なる時間と労力を要する日々である。少人数の教員による徹底した少人数教育を目指す成蹊では、みんなでよってたかって院生を鍛え、教育内容や方法の打ち合わせも随時行う体制をとっている。このこと自体はおそらく、他の法科大学院でも同様であろう。このような法科大学院教育の実情の下では、講義の準備に時間がかかり、院生からの要求も質量ともに高く多いので、教員の教育面での負担が大変である。私のようなロートルになると、ある程度の講義案や資料あるいは自分で作った演習問題の蓄積があり、他方、国内外で発信される大量の最新情報をフォロー・分析して、既存のレベルを超える創造的研究をさほどやるわけでもないから、それでよしとしても、研究面でもっとも油の乗り切っている働き盛りの教授達（しかも大学外での社会的活動をも要請される教授達）がこれらの準備をして講義やゼミを行い、さらにレポートの添削までするとなると、これは大変な負担であり、本来研究好きの学者にとって、自己の研究時間が大幅に削減されることになる苦痛は大きい。後述するように、日本の法律学の発展や若手研究者の育成にとって、憂慮すべき事態の発生が今後予想されるところでもある。

五　前記のような法科大学院教育の特色と実情から、教育支援体制の充実の必要は格段に高い。通常の教務事務の他に、多量の配布教材・レジメのコピー、ＤＶＤ作成、サテライト・オフィス講義の準備等、学部事務とはまた異なった事務体制が、昼夜にわたり必要とされる。また、研究費助成、海外出張助成、研究成果の発表などの研究支援体制の充実が必要なことは言うまでもない。この点成蹊の体制はかなり充実しており、事務職員の方々の多大の援助を頂いた。

因みに、この五年間に私は、『成蹊法学』で四論文のほか講演記録一を公表した。以下の通りである。

①「職務発明における特許を受ける権利の承継取得に関する一考察―青色発光ダイオード特許権訴訟第一審中間判決の研究―」『成蹊法学』六二号（平成一七年二月）

②「履行障害法再構築の課題と展望」、未公表修士論文「種類売買の法的保護に関する一考察」『成蹊法学』六四号（平成一九年一月）

③「債権者取消権をめぐる近時の動向（②日本法）」『成蹊法学』六六号（平成二〇年一月）

④「騙取金による弁済と不当利得に関する類型論的考察」『成蹊法学』六八・六九合併号（平成二〇年一二月）

⑤講演記録「法化社会とロースクール教育―法曹への誘い―」『成蹊法学』六八・六九合併号別冊記念号（「法学部開設四〇周年　伝統継承と改革の軌跡」）（平成二〇年一一月）

以上のほか、この五年間に後記のような業績を挙げることができた。この成果を挙げえたのは、ひとえに成蹊大学法科大学院の優れた研究環境によるものである。

〔共編著〕

①自由国民社『択一式受験六法・民法改訂版』（監修）②信山社・高翔龍教授古希記念論文集『二一世紀の日韓民事法学』（共）③信山社・内山尚三教授追悼論文集『現代民事法学の構想』（編集代表）④法律出版社（中国）・清華大学日中韓国際シンポジウム論文集『履行障害法研究』（韓世遠教授との共編）⑤ぎょうせい・遠藤光男元最高裁判事喜寿記念論文集『実務法学における現代的諸問題』（編集代表）⑥有斐閣『新版注釈民法』一〇巻（債権総論、債権者代位権・債権者取消権担当）（共）（未刊・有斐閣）

〔論文〕

①「日本民法における債権者取消権制度とその問題点」（北京・清華大学紀要『清華法学』）②「職務発明における相当対価請求権の消滅時効の起算点―青色発光ダイオード訴訟の一争点」（信山社『現代民事法学の構想』）、③「弁護士の専門家責任」（信山社『二一世紀の日韓民事法学』、「サブリース訴訟最高裁判決の先例的意義と今後の理論的展望」（金融・商事判例）④「債権者取消権をめぐる近時の動向（①ドイツ法）」（遠藤元最高裁判事喜寿記念論文集『実務法学における現代的諸問題』）⑤民法改正・「履行障害法の立法構想に関する基本的提言」（法律時報臨時増刊『民法改正を考える』）

〔意見書〕

①「センチュリータワー対住友不動産サブリース訴訟賃料減額請求事件」（最高裁）②「詐欺・錯誤による相続放棄の取消の可否」③「アルゼ対日本電動継続的契約の更新拒絶の正当事由―独禁法違反事件」（第一審、第二審）④「青色発光ダイオード訴訟」（i．特許出願権譲渡の有効性、ii．

特許法三五条の相当対価請求権の消滅時効の起算点）⑤「国際友情クラブ対日東興業詐害行為取消請求事件」⑥「ＵＢＳ対住友商事騙取金による弁済と不当利得返還請求事件」⑦住友信託対ＵＦＪ経営統合交渉差止請求事件」⑧「本田技研工業対Ｐ・Ｔ・ドラット合弁契約・販売代理店契約終了確認仲裁事件」⑨「三菱地所対ＩＫ・Ｃｏｐ・サブリース契約賃料減額請求事件」⑩「三井物産対千倉書房サブリース契約賃料減額請求事件」⑪「保証制度見直しに関する要綱・法務省中間試案に関する意見」（法務省に提出――とくに包括根保証の効力の及ぶ範囲〔副保証も含まれるか〕を中心に）

〔学会報告他〕

①清華大学シンポジウム（日中韓国際シンポジウム「給付障害法の再構築」）報告　②日本比較法学会シンポジウム「瑕疵担保責任の比較法的研究」コメンテーター　③日韓土地法学会シンポジウム（「住宅の瑕疵に対する担保責任に関する日韓の比較法的研究」）報告　④エッセー「ドイツ債務法現代化法をめぐる若干の所感」（ドイツ民法研究会の活動を中心に・私法判例リマークス）

(3)　法科大学院の抱える諸問題と改革の課題

始まったばかりの日本のロースクール教育については、多くの問題があり、この制度が日本社会に定着するためには、後一〇年は必要といえよう。そこで最後に、法科大学院の抱える諸問題と今後の改革の課題について簡単に所感を述べておこう。

一　なんといっても、ロースクールの発足は、教員採用、支援体制、施設その他の面で準備不足であった。法曹養成経験があまりなく、研究に主たる重点をおき、研究の成果を講義するという教育をやってきた者に、実務家教員の協力があるとはいえ、突然実務的な教育まで大学教授にやれといわれても、これはなかなか難しい。このほか、大量の参考資料の配布を求められる法科大学院では、これらの資料の収集や作成を教授が個人で行うのは負担が大きい。助手や事務スタッフの協力が必要なのに、この点が欠けていた従来の体制そのままでは、うまくゆくはずがない。各大学と共に、成蹊でも、かなりの事務職員を増やして、そのような負担をできるだけ軽くしているけれども、それでもまだ十分とはいえない。大学財政の負担も多大であり、各大学とも、他学部からの批判の声が大きいと聞く。

二　つぎに、司法試験合格者三、〇〇〇人時代の合格者の就職先をどうするかの問題がある。合格者数の見直しの議論もすでに始まっている。「いそ弁」就職が難しく、「軒弁」、「宅弁」という言葉の飛び交う今日である。この事情と合格率平均三〇%台の試験結果、合格者〇名のロースクールの出現、金融恐慌の余波をも受け、高額な学費負担を必要とする法科大学院への受験生の減少、入学者数の定員割れで、法科大学院の再編成、統合問題が報道される今日でもある。

三　新司法試験受験の三回制限も大いに問題である。旧司法試験時代の大量浪人への配慮も理解できるところではあるが、三回という回数制限の合理性は再検討の必要があろう。このように試験を厳しくすると、受験の受け控え、予備校頼りの風潮の復活がまた現れてくるし、現にそれが始まってもいる。ロースクール発足の理念に反し、予備校教育の弊害がまた出てこよう。予備校との関係については、かなり神経質な意見がみられるが、その効用も考える余地があろう（例えば、米倉明教

授『法科大学院雑記帳』二九七頁以下の指摘参照)。

四　学部と法科大学院との関係につき、韓国と日本の方式との是非問題については、前述したところであるが(米倉前掲書一三九頁以下の指摘は的確である。なお、この本には示唆に富む数々の指摘・提言があるが、別の機会に是非検討してみたいものである)、今後に予想される問題として次のような問題がある。まず、法科大学院を作ったときには、われわれのような七〇歳過ぎのロートルも引っ張り出して、何とか人数合わせをしたけれど、ロートル世代の引退時期が始まるので、法科大学院の教授資格を持っている教授が少なくなってきて、学部教授の吸い上げが始まる。そうすると、学部教育がどうなるか。他方、潰れるロースクールも現れて、ロースクール教授が失業する時代もやってこよう。学部に帰ろうと思っても、定員枠がなく、引き受け手がないという状況も出てくるかもしれない。さらに問題は、大学教員・研究者の後継者養成問題である。東大は研究大学院を止めて、ロースクールの院生の中から研究者を養成する方針と聞く。英語のみによる研究者養成が可能なアメリカはともかく、研究者養成上、比較法学の比重の高い日本では、英語のほか、ドイツ語(法)やフランス語(法)の習得や研究も重要である。ロースクールを出てから、第二、第三外国語や比較法さらには法哲学・法史学・法社会学などの基礎法学をやったのでは遅くはないか。法学部外からロースクールに入った院生で学部時代にこれらの語学や基礎科学を習得した者はともかく、そうでない院生からの研究者養成の上で、問題は生じないか。現に、日経新聞平成二〇年一一月二九日の朝刊は、「法科大学院の七七％にあたる五七校が、刑事訴訟法や行政法、民法といった『法律基本科目』で、将来的に専任教員の確保が難しくなると懸念していることが文部科学省の調査で明らかになった」と報道した。

この研究者養成問題を取り上げたのが、先に紹介した昨年三月に早稲田大学で開催された国際シンポジュウム「法理論教育と研究者養成」であり、そこでは各国の比較研究が広く深く行われ、大変参考となった。早稲田は当面法科大学院と研究大学院の二本立て構成でゆく方針という。東大、早稲田両大学院を始めとする各大学の法科大学院の今後の進展が注目される。成蹊法科大学院の将来像をどう描くか、現役諸教授のご健闘を期待する。

以上、成蹊法科大学院における私の五年間をいそぎ振り返ってみた。昭和三一年（一九五六年）四月、法政大学法学部助手に就任以来始まった私の大学教員生活は、本二〇〇九年三月末で終わる。法政に始まり、間に尚美学園総合政策学部の三年を挟んだこの五三年間は、長くもあり短くもある年月であった。自由と進歩を建学の理念として掲げ、在野精神の横溢していた法政の四三年間は、戦後の高度成長、大衆社会の実現に伴う大学のマスプロ化、大学紛争にもまれた激動の大学生活であった。それにも拘らず、私にはいまなお、法政に対する深い愛着がある。他方、最晩年の成蹊の五年間は、快適で静かな自然環境、恵まれた研究・教育環境の中での徹底した少人数教育、意欲的でハイレベルの院生集団に囲まれ、優れた研究者・実務家教員にも出会い、大学行政に煩わされることなく、落着いて理論と実務との架け橋となる教育や研究ができた魅力的で幸せな五年間であった。

このような場に招聘し、教育と研究の支援をして頂いた方々に、この場を借りて心から御礼を申し上げたい。とくに、招聘のきっかけを作って頂いた紋谷教授、富田教授、法務研究科長の広部教授を始めとする同僚諸教授、圓子事務長を始めとする職員の方々、研究論文の出版や抜刷りの送付にご協力頂いた小坂女史にはたいへんお世話になった。最後に、院生諸君の健闘と成蹊法科大学院の益々の発展を心から祈って筆をおく。

【追　記】

本稿脱稿後、校正の段階である三月一四日に、早大で行われた国際シンポジウム「法理論と法実務との統合」に出席して、延世大学金相容教授の韓国の法科大学院に関する現状報告に接した。それによると、韓国では昨年八月に第一回の法科大学院入学選抜試験が行われ、本年三月一日から講義が開始されたとのことである。詳細は近く刊行されるシンポジウム記録参照。なお、このシンポジウムはたいへん充実した内容であり、今後の法科大学院のあり方を考える上で極めて有意義なシンポジウムであったことを特記しておく。

（成蹊法学第七〇号別冊『成蹊ロースクールの五年　個性と良識ある法曹育む』二〇〇九年）

あとがきにかえて

長くもあり、短くもあった私の八〇年の歩みをふりかえりつつ本書の編集をおえたいま、私の年頭にあるのは、「ふるさと」への思いである。死に臨んで鷗外が、「余は石州人森林太郎として死せんと欲す」と書き残した心境が身に染みて思い起こされる。

この春の叙勲で「瑞宝中綬章」を受章した際の祝電などへの礼状で、「叙勲制度には複雑な想いもありますが……」と書いたところ、幾人かの方からその想いとは何かと尋ねられた。進歩と自由を校風とし、在野精神に富む法政大学では、勲章制度に否定的な立場から受章を辞退された先輩方も多く、このような思いかと受け取られたのであろう。私にもその様な思いは十分にある。しかし、私の「複雑な思い」とは、他方における我が故郷と祖父水津治左衛門の思い出との相克である。

我が故郷石州日原村は、出生当時人口五千人たらずの寒村であり、今日でも過疎の町である。中国山脈を源流とする津和野の錦川と六日市（森英恵の郷里）の吉賀川が合流して高津川となり、益田市の高津の浜で日本海に流入する、この二つの清流の合流点が日原である。鮎とわさびを名産とするこの地は、川の両岸に迫る険しい山裾に堆積してできた痩せ地の上の村落である。「政治経済の中心地から遠く離れた一寒村にすぎなかった日原の歴史には、所謂学者・経世家を見出すこともできなければ、況や英雄・豪傑が躍り出て治乱興亡を繰り広げる華やかさもありません」、然し、我々の祖先は、「目に見えない身分制度の絆に縛り付けられながらも、或る時は過酷な税に泣き、或る時は災害と飢饉に見舞われながら、なお且つしっかりと渓流の痩せ土に根を下して、素朴な村の行事に僅かばかりの慰安と娯楽を求めながら、たくましく生き抜いてきた」のである（日原町史序文）。

この地で県会議員や郡会議長、村会議員、畜産組合長などを長らく務め、地域社会に貢献した祖父（一八五八〜一九四二）は、数々の功労賞や表彰を受け、昭和八年新宿御苑で開催された観桜会に祖母と共に召され、さらに、昭和十五年の紀元二六〇〇年の記念式典に島根県民代表として招待された（高齢かつ病気のため辞退）。しかし、叙勲の栄誉は受けなかったようで、それをつねづね残念がり、晩酌しながらよく話していたので、子供心にこのことがしっかりと刻み付けられた。このような事情から、祖父への親孝行、故郷日原へのささやかながら、幾ばくかの寄与になればと、八十歳での受章をありがたく頂くこととした次第であり、これが「複雑な思い」の内容である。名誉欲にとりつかれた田舎者の俗物的発想と切り捨てられることは、重々承知と言っておこう。

この思いの補完として、以下に、(1)「瑞宝中綬章」受章礼状、(2)春の叙勲伝達式受章者代表挨拶(3)「はるかに津和野の発展を祈る」の三文を収録して「あとがき」に代える。

(1)「瑞宝中綬章」受章礼状

「謹啓

新緑の美しい季節になりました。　　私こと平成二十二年春の叙勲で、瑞宝中綬章受章にあたり、早速ご懇篤な祝意を頂きありがとうございました。

叙勲制度には複雑な想いもありますが、法政大学や文部科学省の推薦があり、今年は八十才の大台に達し、成蹊大学法科大学院の勤めも終わりましたので、有り難く受章することにしました。

今回の文部科学省関係の旭日中綬章以下の受章者（七六四名）につきましては、五月十一日に国立劇場で文部科学大臣による勲章の伝達式があり、勲記・勲章の伝達を受けた後、引き続き皇居に参内して、天皇に拝謁いたしました。


光栄にも、伝達式で瑞宝中綬章受章者代表として大臣から勲章を受け取り、その後当日の受章者全員を代表して挨拶をせよとの指名を受け、僭越ではありましたが、お引き受けし、その大役を無事果たし終えて、ほっと一息ついております。

あらためて、ここに、本日まで長年にわたって多大のご支援・ご厚情を頂きました皆様に心から厚く御礼申し上げます。なお、これからも健康に留意して、やり残した研究の仕上げに励みたいと思っていますので今後ともどうぞよろしくお願い致します。

末筆ながら皆様のご健康とご多幸を心よりお祈り申し上げます。

敬具

平成二十二年五月吉日

下森　定」

(2) 叙勲伝達式　受章者代表あいさつ

ご指名によりまして、僭越ではございますが、本日叙勲の栄誉に浴しました七六四名を代表いたしまして、一言御礼のご挨拶を申し上げます。

本日ここに相集いました私どもの世代は、戦争と平和、貧困と高度成長、そしてバブル経済の崩壊と金融恐慌という、まさに疾風怒涛の時代を生き抜き、社会のため、家族のため、平和と豊かさを求めて、それぞれの分野で、それぞれの道を模索し、長年にわたり、ひたすら努力を続けてまいりました。

そして本日、はからずも、このような栄誉をいただくことになりましたのは、ひとえに、恩師ならびに諸先輩からのご指導、また、多方面にわたる関係各位からのご支援、さらには同僚・後輩の皆様の協力など、多くの方々からのご支持があったからに他ありません。

今、この栄誉の喜びをかみしめながら、お世話になった皆様方にあらためて心から感謝申し上げます。

さて、今日、世界も日本も混迷の只中にあります。この事態の打開には、日本の未来を担う活力ある若い世代の活躍に期待するところが大であります。そのためには何よりもまず、人材の育成が不可欠といえましょう。

戦後の日本は、自由と平和さらには平等を旗印として、明るく豊かな社会の形成を目指し、人々に愛や感動や喜びをもたらす教育、科学技術及びスポーツの振興、文化の向上にむけた努力を展開し、教育の機会均等や質の向上に一定の成果をあげてまいりました。

この成果を踏まえ、次の課題は、社会のあらゆる分野において、大きな志・ロマンを抱き、自己の確固たる判断と責任において、私心をおさえ、世のため人のために尽くす、実行力ある指導的人材を育成することにあると思います。この目的を果たす上で、これを支える行政の役割と責任はまことに重大であり、行政に対する国民の期待は大であります。今ここに、日本の国民が、官民一体となって日本の再生をはかり、国際的視野に立ち、世界の平和・人類の幸福に寄与できることを心から願ってやみません。

終わりに当たりまして、本日の叙勲に際してご尽力をいただきました多くの皆様に重ねて心から厚く御礼申し上げますとともに、私どもといたしましては、本日の栄誉に報いるため、今後とも健康に留意し、残された力を社会の発展に微力ながら役立ててゆきたいと思います。

本日は本当にありがとうございました。

平成二十二年五月十一日

受章者代表　下　森　定

(3)　はるかに津和野の発展を祈る

私は、左鐙の下森酒造の分家三代目にあたる。昭和五年、旧日原村幸町で生れた。母晴子が生後一年で亡くなったため、祖父水津治左衛門・祖母エイ（津和野・齋藤写真館が実家）の下で、伯母ユキ（津和野・弥重家の一族）によって育てられた。旧制山口高校進学のため津和野を離れて以来はや六十年を超え、今東京世田谷に住むが、故郷津和野はわが心の中に今もなお生き続けている。

左鐙という地名は、壇ノ浦の戦いで敗れ中国山脈を越えてこの地まで落ち延びてきた平家の落人が、胡瓜畑で左の鐙を引っ掛けて落としたことに由来すると聞く。この地には衆議谷あるいは軍馬という平家の落人部落に由来する地名も残っている。ところで、石見に多い下森あるいは水津という家名は、全国的には少数である。平家の落人一族ではない。これらの祖先は、清和源氏の流れを汲む吉見家の家臣であった。鎌倉時代、金沢に領地があった吉見家は、幕府に命じられ、元寇に備えて津和野に移り、三本松城を築城して城主となり、日原・左鐙もその支配下にあった。関が原の戦い後、吉見が毛利を頼って津和野を離れた後、多くの家臣は土着の郷士となり、百姓ながら苗字帯刀を許された。その後、津和野は坂崎家、亀井家の所領となったが、日原は銀や銅を産出する鉱山があったので、徳川幕府の直轄領すなわち天領となって分割された。

鉱山のある天領として経済的にややゆとりがあった日原には、百姓・商人に俳諧、和歌、能樂、国学に親しむ者が多く、独自の生活と文化を持ち、「天領意識」といわれる尊大な気風があって、武士の町・文化の町である津和野とよく張り合ったと伝えられている。その背景には、吉見一族の後代の支配者に対する対抗意識や土着の郷士の武士に対する「やっかみ」もあったのではないかと推測される。日原には、この時代の文書が比較的多く残っており、これらを使って民族学者沖本常吉氏や大場良美氏によって近世史・近代史が書き継がれ、資料集をあわせて全五巻の日原町史が完成されている。過疎の町村でこれほど充実した町史をもつものはさほど多くはあるまい。残された文書の一例を挙げてみよう。母方の祖に、水津虎臣、香久能屋と号する者がいた。彼は津和野藩の国学者岡熊臣と親交があり、さらに伊勢にでむいて本居宣長の教えも受け、裏に本居太平の署名のある宣長自筆の短冊の掛け軸も残している。彼の蔵書中には、岡熊臣自筆の書き込みのある和書、蘭学の書があり、また山鹿流軍学をも学んだ彼は、「オロシア攻め来りなば神国日本如何にせん」とのテーマで意見を闘わせた「オロシア問答」なる文書を残している。

さて話を現代に移そう。津和野と日原や左鐙は近時合併して津和野町となった。この合併には多くの軋轢や対立があったと聞く。その背後には上記のような歴史的背景も尾を引いているのであろうか。しかし、地縁、血縁、ルーツは繋がっているのである。少子化・高齢化・都市化時代の今日、過疎の町が生き延びるためには、老若男女の町民のみんなが知恵を出し合い、協力しあって新しい未来を切り開いてゆく他あるまい。我々の祖先は、政治・経済の中心地から遠く離れた地で、狭く厳しい風土・環境にもめげず、力をあわせて生き抜き、独自の文化を作り上げ、多くの逸材を日本社会に送り出してきているのである。IT時代、グローバル時代の今日、居ながらにして都市や世界に情報を発信できる時代でもある。この伝統に自信をもち、これを踏み台として、さらなる津和野独自の新しい文化や産物を創造し、平和で豊かな町づくりをしていただきたい。

過日の町長選挙で、本家の跡取り息子下森博之が、多くの町民の方々のご支援を受け、弱冠四十四歳で町長の大役を仰せつかることとなったとの知らせを受け、身の引き締まる思いである。彼が新しい時代、新しい町づくりの志を高く掲げ、リーダーとしての責任感をもち、元気で活躍してくれることを期待しつつ、はるかに我が故郷津和野の発展を祈っている。

（二〇〇九年「東京つわの会」会報）

〈著者紹介〉

下森　定（したもり　さだむ）

1954年広島大学政経学部卒業，1956年法政大学大学院修士課程卒業，1960年東京大学大学院博士課程単位取得満期退学
1969年法政大学教授，2000年尚美学園大学教授，2004年成蹊大学法科大学院教授
現職　法政大学名誉教授，尚美学園大学名誉教授
〔主要著書〕
『注釈民法(10)』(〔共著〕債権者代位権・債権者取消権担当，有斐閣，1987年)，『西ドイツ債務法改正鑑定意見の研究』(法政大学現代法研究所叢書9〔共編〕日本評論社，1988年)，『安全配慮義務法理の形成と展開』(〔編著〕日本評論社，1988年)，『債権法論点ノート』(日本評論社，1990年)，『有料老人ホーム契約』(〔編著〕有斐閣，1995年)，『ドイツ債務法改正委員会草案の研究』(法政大学現代法研究所叢書15〔共編〕法政大学出版局，1996年)，『新版注釈民法（3）』(〔共著〕96条担当，有斐閣，2003年)，『履行障害法の研究』(〔共編〕法律出版社・中華民国，2006年)

法学教育とともに

2010(平成22)年11月30日　第1版第1刷発行
8580-2-013-010-025-025=3600e

著　者　©下　森　　定
発行者　袖山貴・稲葉文子
発行所　株式会社 信山社
〒113-0033　東京都文京区本郷6-2-9-102
Tel 03-3818-1019　Fax 03-3818-0344
笠間来栖支店　〒309-1625 笠間市来栖2345-1
Tel 0296-71-0215　Fax 0296-72-5410
笠間才木支店　〒309-1611 笠間市笠間515-3
Tel 0296-71-9081　Fax 0296-71-9082
出版契約№2010-10-8580-9-01010
Printed in Japan, 2010, 下森　定

印刷・亜細亜印刷(本文・付物)　製本・渋谷文泉閣 p.304
ISBN978-4-7972-8580-2 C3332 ¥3600E 分類 50-324.025-a001